Mm Nn

Pp Qq Rr

Ss Tt Uu

Vv Ww Xx

Yy Zz

新装版
キッズクラウン和英辞典

KIDS CROWN

SANSEIDO'S
JAPANESE -
ENGLISH
DICTIONARY

下 薫＋三省堂編修所 編

三省堂

SANSEIDO'S
KIDS CROWN
JAPANESE - ENGLISH
DICTIONARY

First Edition 2004
This Edition 2017

© Sanseido Co., Ltd. 2017
Printed in Japan

編者	下 薫、三省堂編修所
原稿執筆	下 薫
英文校閲	アイエック
校正	鈴木喜久恵、古俣真希
本文イラスト	ツダ タバサ、すみもとななみ、渡部伸子 (rocketdesign)
	中島慶子、寺山武士、佐古百美、しばいあきこ
本文デザイン	児玉一成
装丁	吉野 愛
装画	阿部伸二（カレラ）
CD企画	東京オーディオ・ミュージックレコード株式会社
声の出演	Ruth Ann Rees, Dominic Allen
編集・構成	株式会社 童夢

この辞典の特色

「これ，英語でなんて言うの？」と思ったら，自分で調べて，すぐに話せる
次世代型の小学和英辞典

収録語数は約3,500語。すぐに会話に役立つ用例を厳選しました。

　小学生に必要にして十分な約3,500語を収録。重要な語彙や用例については，反対語や類義語もしめすことで，より効果的に英語を学習できるようにしました。また小学生にとって身近な内容で，会話に役立つ用例を厳選しましたので，すぐに応用できます。

発話練習もできるCD音源をつけました。

　この辞典にはCD音源のある会話例を多く収録しています。CDでは，お手本となる発音を聞いた後，色がついているセリフを実際に話す練習ができるようになっています。ネイティヴ・スピーカーのスピードに合わせて発話することによって，リスニング，スピーキング両方の力をつけ，文字を見ることにより知識を正確に定着させることができます。

英語の使い方の違いをわかりやすく比較表示しました。

　「比較」マークの箇所では，日本語では同じ音や意味の言葉が，英語ではどのように使い分けられるか，イラストとともにわかりやすく表示しました。英語と日本語を比較することにより，日本語の意味について考え，国語の力をつけることにも役立ちます。

実際に英会話をする際に役立つ知識を巻末にまとめました。

　巻末では，アメリカを舞台とした場面別の会話例をCD音源とともに収録しました。CDを聞いて話してみることにより，1つの応答だけでなく一連の流れとして会話する力を身につけることができます。またカタカナ語（外来語）のページを設け，CD音源をつけることにより，実際には通じないカタカナ語について，正しい発音や語彙の知識を身につけることができるよう配慮しました。

小学生が自分で調べて知識を身につけられる小学英語のデータベースです。

　英語のつづりがわからなくても，知りたい言葉を日本語で調べて英語を知ることができるとともに，CDを聞いて正確な発音も身につけることができます。音から文字から英語を覚えられる，次世代型の英語データベースです。

この辞典のしくみと使い方

●見出し語
2,634語

基本の意味に加え、別の語をつけ加えた意味も含める場合は（　）で省略してしめしています。同音異義語や1語で複数の意味がある語については、『新明解国語辞典』に基づいて、語義別に番号をつけ別項目としました。学習漢字で表記できる語や、ひらがな表記のみでは意味がわかりにくい語には漢字を併記しました。他の語義と区別しにくいと思われる語は、（　）や《　》で補足説明をつけました。
例）たくさん(の)
　　…たくさん、たくさんの
　　あう→あう1　合う（意見が）
　　　　　あう2　合う（サイズが）
　　　　　あう3　合う（色や形が）
　　　　　あう4　会う

●類義語・似た意味を持つ言葉
見出し語と似た意味を持つ言葉は●でしめしました。

●比較
同じ音の見出し語について、異なる英語を使い分ける場合、使い分け方をイラストでわかりやすく表示しました。

●柱
見開きの最初の見出し語と最後の見出し語を表示しています。

●訳語
見出し語に対応する英語の訳語をしめしました。複数の訳語の意味や使い方が異なる場合は、（　）で補足説明をつけました。冠詞および変化するbe動詞はグレーで表示し、基本的にカナ発音表示には含めていません。1つの語で、数えられる名詞と数えられない名詞の両方がある場合や、定冠詞をつけることもある場合、冠詞は（　）に入れて表示しました。特定の冠詞を含む語や句については、冠詞も訳語に含め青色で表示しました。

●関連語
見出し語と関連する言葉をいっしょにしめしました（約860語）。イラストでは複数のものが表示されている場合でも、つづりは基本的に、冠詞をつけない単数形でしめしています。

●用例
小学生が日常的に話したり聞いたりする内容で、ぜひ覚えてほしい表現を選びました。

●変化形
見出し語の過去形で、特に覚えておきたい英語の訳語は▶でしめしました。

●カナ発音
（→「カナ発音について」参照）

●見よ項目・参照項目マーク
項目の内容が他の見出し語で表示されている場合や、見出し語について他の項目を参照してほしい場合、☞マークでしめしました。

●発音
訳語、用例、関連語にはカナ発音を併記し、原則として、アメリカ英語（米語）の発音をしめしました。訳語の中でグレーで表示している部分の発音は含みません。訳語のうち語形が変化する語や、複合名詞については、基本的にリンキングしない発音をしめし、1つの句の中で語形が変化しない部分、動詞の過去形、用例では、リンキングさせた発音をしめしました。（→「カナ発音について」、「発音記号とカナ発音」[p.6]参照）

※この紙面は見本です。

テーマページ

●テーマページ
あ行～わ行の本文の後に、付録として、テーマ別のページを設けました。1トピックごとに見開きで構成されており、全部で8トピックあります。各トピックでは、アメリカでのいろいろな場面に基づいた会話例をイラストとともに表示し、CD音源をつけました。CDでは、会話全体の後に、片方のセリフが無音になっている練習用の会話があり、CDを聞きながら、青色でしめしたセリフを実際に話してみることができます。

CD音源との対応

CD音源がある箇所

ベージュ色を引いた部分は、CDに音源があることをしめしています。CDマークの数字はCDのトラック番号です（01～71）。音源がある部分にはカナ発音はついていないので、CDを聞いて正確な発音を確かめてください。

●本文の会話（トラック番号01～50）

質問と答えが1つずつの会話のほか、2回以上応答をする会話もあります。1会話ごとに1トラックに収録しています。各トラックでは、最初に会話全体が収録されており、次にチャイムの音の後で、ピンク色でしめしたセリフが無音になっている練習用の会話が始まります。正しい発音を聞いた後で、ピンク色でしめしたセリフを実際に話してみることができます。会話の最初のセリフがピンク色でしめされている場合は、「ピーッ」という音の後ですぐに会話を始めてください。

●テーマページ（トラック番号51～70）

テーマページ（p.268～283）では、それぞれのテーマに関連した会話例をしめしました。各トラックでは、最初に会話全体が収録されており、次にチャイムの音の後で、青色でしめしたセリフが無音になっている練習用の会話が始まります。正しい発音を聞いた後で、青色でしめしたセリフを実際に話してみることができます。会話の最初のセリフが青色でしめされている場合は、「ピーッ」という音の後ですぐに会話を始めてください。

●カタカナ語（トラック番号71）

外国語から入った言葉でカタカナで表記される語（外来語）をまとめました。日本語の発音とそれに対応する英語の発音を聞いて、正しい英語の発音を確かめることができます。

本文の会話 🔊 01

昨日ヤンキースタジアムに行ったよ。
I went to Yankee Stadium yesterday.

―へえ，そう。
　Oh, did you?

いい席がとれたんだ。
I got a good seat.

―ほんと？
　Is that so?

それで，ファウルボールをとったよ。
And I caught a foul ball.

―うっそー！すごい！
　Really? That's great!

カナ発音について

●はじめに

＊この辞典では、発音記号になれていない人のために、カナ文字による発音表記（カナ発音）をつけました。けれども、カナ文字では完全に正確な英語の音を表すことはできません。カナ発音は、あくまでも英語の発音に近づくための「手がかり」として使ってください。この辞典には、豊富な音源がCDに収録されていますので、ぜひCDを活用して実際の英語の音にふれていただきたいと思います。
＊CDに音源がある用例については、カナ発音をつけていません。

●カナ発音のしくみ

＊太字は強く発音する音節（アクセント）をしめします。
＊カタカナと平仮名による書き分けは、違う音であることをしめします。
　例）「ス」と「す」　bus バス，bath バす
＊強く発音しない「ル」、および語末の「ト」「ド」については、特に注意すべき音として、小さな字で表記しました。
　例）all　オール，cat　キャット，old　オウルド

●用例のカナ発音について

＊用例のカナ発音については、リズムよく読むための「区切り」をつけました。
＊原則として、ひとつのチャンク（ひとまとまりで発音すべき音のかたまり）に1か所のアクセント（太字で表記）をしめしました。
＊用例中の単語は、前後の音の連なりによって音が変化する場合があります。これを「リンキング」といいますが、この辞典の用例では一般的なリンキングをしめしました。
　例）Can I　キャン＋アイ　→　キャンナイ
＊リンキングにともなって、音を省略した箇所があります。
　例）absent today　アブセント　トゥデイ　→　アブセン　トゥデイ

five

発音記号とカナ発音

* 母音（ぼいん）とは、日本語の「ア・イ・ウ・エ・オ」のように、口の中で舌・くちびる・歯などにじゃまされないで出てくる、声をともなった音（おん）のこと、子音（しいん）とは、のどから出る息や声が、口の中のどこかでじゃまされて出てくる音のことです。
* [´]は、その音を強く発音するしるし、アクセント記号です。
* [:]は、その前の音を長くのばして発音することを表します。
* この辞典では、発音記号になれていない人のために、カナ文字発音をそえました。けれども、カナ文字では完全に正確な音を表せません。たとえば[æ][ɑ][ʌ][ə]はカナ発音はみな[ア]ですが、実際はみなちがう音です。くわしくは、5ページの「カナ発音について」を読んでください。

母音	例
[iː イー]	eat [íːt イート]
[i イ]	ink [íŋk インク]
[e エ]	egg [ég エッグ]
[æ ア]	apple [ǽpl アプル]
[ɑː アー]	father [fáːðər ファーだ]
[ɑ ア]	on [ɑn アン]
[ɔː オー]	all [ɔːl オール]
[u ウ]	book [búk ブック]
[uː ウー]	food [fúːd フード]
[ʌ ア]	up [ʌ́p アップ]
[əːr ア〜]	early [ə́ːrli ア〜リ]
[ə ア]	America [əmérikə アメリカ]
[ə エ]	absent [ǽbsənt アブセント]
[ə イ]	beautiful [bjúːtəfəl ビューティふル]
[ə オ]	of [əv オヴ]
[ə ウ]	beautiful [bjúːtəfəl ビューティふル]
[ei エイ]	cake [kéik ケイク]
[ai アイ]	ice [áis アイス]
[au アウ]	out [áut アウト]
[ɔi オイ]	boy [bɔ́i ボイ]
[ou オウ]	go [góu ゴウ]
[iər イア]	ear [íər イア]
[eər エア]	air [éər エア]
[uər ウア]	poor [púər プア]

子音	例
[p ブ]	up [ʌ́p アップ]
[b ブ]	job [dʒɑ́b ヂャブ]
[t ト]	it [it イット]
[d ド]	hand [hǽnd ハンド]
[k ク]	cook [kúk クック]
[g グ]	egg [ég エッグ]
[f ふ]	half [hǽf ハふ]
[v ヴ]	have [hǽv ハヴ]
[θ す]	bath [bǽθ バす]
[ð どぅ]	with [wíð ウィどぅ]
[s ス]	bus [bʌ́s バス]
[z ズ]	as [əz アズ]
[ʃ シュ]	fish [fíʃ ふィッシュ]
[ʒ ジュ]	television [téləviʒən テレヴィジョン]
[tʃ チ]	teach [tíːtʃ ティーチ]
[dʒ ヂ]	large [lɑ́ːrdʒ ラーヂ]
[ts ツ]	cats [kǽts キャッツ]
[dz ヅ]	cards [kɑ́ːrdz カーヅ]
[h ホ]	hat [hǽt ハット]
[m ム, ン]	name [néim ネイム]
[n ヌ, ン]	noon [núːn ヌーン]
[ŋ ング]	song [sɔ́ːŋ ソーング]
[l ル]	milk [mílk ミルク]
[r （う）る]	red [réd うれッド]
[j イ]	yes [jés イエス]
[w ウ]	wood [wúd ウッド]

あ
Oh.［オウ］
Oh, no!［オウ ノウ］
My goodness!［マイ グッドネス］

あ，かばん忘れた。
オウ アイふォガット マイバッグ
Oh, I forgot my bag.

ああ
Oh.［オウ］
Ah.［アー］

ああ，悲しい！
オウ ハウサッド
Oh, how sad!

あい　愛
love［ラヴ］

愛する　love
アイ　ラヴ

君を愛してるよ。
アイラヴユー
I love you.

あいさつ
a greeting［グリーティング］

あいさつする　greet
　　　　　　　グリート

あいさつの言葉

おはよう。
グッド モーニング
Good morning.

こんにちは。
グッド アふタヌーン
Good afternoon.

ヘロウ　　ハイ
Hello.（Hi.はいつでも使えるくだけた言い方）

こんばんは。
グッド イーヴニング
Good evening.

おやすみなさい。
グッド ナイト
Good night.

さようなら。
グッドバイ
Goodbye.

アイスクリーム
ice cream［アイス クリーム］

あいだ　間
between［ビトウィーン］（2者の間）
among［アマング］（3者以上の間）

私たちの間
ビトウィーンナス
between us

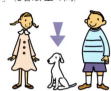

かれらの間
アマングでム
among them

seven **7**

あいづちをうつ　相づちを打つ
nod yes [ナッド　イェス]

相づちを打つ言葉

うんうん。　Uh-huh.
なるほど。　I see.
うん。　Yeah.(Yes.よりくだけた言い方)

🔊 01

昨日ヤンキースタジアムに行ったよ。
I went to Yankee Stadium yesterday.

—へえ、そう。
　Oh, did you?

いい席がとれたんだ。
I got a good seat.

—ほんと？
　Is that so?

それで，ファウルボールをとったよ。
And I caught a foul ball.

—うっそー！すごい！
　Really? That's great!

あう1　合う（意見が）
agree [アグリー]

ユウタと意見が合わなかった。
I didn't agree with Yuta.

あう2　合う（サイズが）
fit [ふィット]

あのぼうしは君に合わない。
That hat doesn't fit you.

あう3　合う（色や形が）
suit [スート]

赤がにあうよ。
Red suits you.

比較　「あう」の使い分け

fit（サイズが）

suit（色や形が）

あう4　会う
see [スィー]
meet [ミート]（初対面で）

明日また会おうね。
See you tomorrow.

▶ 会った　**met** [メット]

サリーは空港でユウタに会った。
Sally met Yuta at the airport.

🔊 02

こんにちは，ユウタ。よろしく。
Hi, Yuta. Nice to meet you.

—こんにちは，サリー。こちらこそ。
　Hi, Sally. Nice to meet you, too.

ニューヨークにようこそ。
Welcome to New York.

—ありがとう，サリー。
　Thank you, Sally.

あお 青, 青い
blue [ブルー]
pale [ペイル] (顔色が)
green [グリーン] (信号の)

青い海
ダブルー スィー
the blue sea

あおざめた顔
アペイル フェイス
a pale face

青信号
アグリーン ライト
a green light

あか 赤, 赤い
red [ゥれッド]

あかちゃん 赤ちゃん
a baby [ベイビ]

あがる1 上がる
go up [ゴウ アップ] (階段を)
rise [ゥらイズ] (温度が)
come in [カム イン] (家に)

階段を上がって。
ゴウ アップ ダ ステアズ
Go up the stairs.

気温が上がるでしょう。
ダ テンパラチャ ウィル ゥらイズ
The temperature will rise.

2階に上がる go upstairs
ゴウ アップステアズ

ユウタ, 来てくれてありがとう。上がって！
Hi, Yuta. Thank you for coming. Come on in!

—ありがとう, サリー。
　Thank you, Sally.

あがる2 (興奮する)
get nervous [ゲット ナ〜ヴァス]

あがらないで。
ドウント ゲット ナ〜ヴァス
Don't get nervous.

あかるい1 明るい (光で)
light [ライト]

明るくなってきた。
イッツ ゲティング ライト
It's getting light.

light

暗い
ダーク
dark

あかるい2 明るい (陽気な)
cheerful [チアふル]

かの女は明るい女の子です。
シーザ チアふル ガ〜ル
She's a cheerful girl.

あき→あじ

あき　秋
fall［ふォール］
autumn［オータム］（イギリス）

あきらめる
give up［ギヴ　アップ］

あきらめるもんか！
I won't give up!

あきる
be bored［ボード］
get tired of［ゲット　タイアドヴ］

あきちゃった。
I'm bored.

▶ あきた　**got tired of**
　　［ガッ　タイアドヴ］

本を読むのにあきた。
I got tired of reading.

あく　開く（店・ドアが）
open［オウプン］

店は9時に開きます。
The store opens at nine.

あくしゅする　あく手する
shake hands［シェイク　ハンヅ］

あくび
a yawn［ヨーン］

あくびをする　yawn

あける1　開ける（窓・箱などを）
open［オウプン］

箱を開けてみて。
Open the box.

あける2　空ける（場所を）
make room［メイク　ルーム］

妹に場所を空けてあげなさい。
Make room for your sister.

あげる1　上げる（手を）
raise［ゥレイズ］

手を上げて。
Raise your hands.

あげる2　（わたす）
give［ギヴ］

このプレゼントをサリーにあげよう。
I'll give this gift to Sally.

▶ あげた　**gave**［ゲイヴ］

このプレゼントをサリーにあげた。
I gave Sally this gift.

比較 「あげる」の使い分け

raise

give

あご
a **jaw**［ヂョー］（上か下の）
a **chin**［チン］（あごの先）

jaw
chin

あさ　朝
morning［モーニング］

昼　day
夜　night

あさい　浅い
shallow［シャロウ］

shallow
深い　ディープ　deep

あさがお　朝顔
a **morning glory**
［モーニング　グローりー］

あじ　味
(a) **taste**［テイスト］

味がする　taste
おいしい。
It tastes good.

あまい　sweet

あさって
the day after tomorrow
［だデイ　アふタ　トゥマろウ］

あざやかな
vivid［ヴィヴィッド］
bright［ブライト］

あざやかな赤
bright red

あざらし
a **seal**［スィール］

あし　足，脚
a **foot**［ふット］（足首から先）
a **leg**［レッグ］（足首から上）
a **paw**［ポー］（イヌやネコの）

●足（複数形）　feet

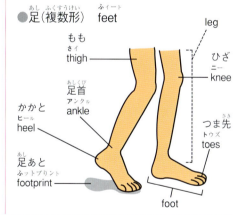

もも　thigh
かかと　heel
足首　ankle
足あと　footprint
leg
ひざ　knee
つま先　toes
foot

からい　hot

すっぱい　sour

苦い　bitter

しょっぱい　salty

アジア→あちら

アジア
Asia [エイジャ]

あずかる 預かる
keep [キープ]
look after [ルック アふタ]

かばんを預かってくれますか？
ウィルユー キープ マイバッグ
Will you keep my bag?

あずける 預ける
leave [リーヴ]（物を）
deposit [ディパズィット]（お金を）
put [プット]（お金を）

ユウタにイヌを預ける
リーヴ だドーグ ウィどユータ
leave the dog with Yuta

銀行にお金を預ける
ディパズィット マニ インだバンク
deposit money in the bank

あした 明日
tomorrow [トゥマろウ]

あせ
sweat [スウェット]

あせをかく　sweat
スウェット

あせる
get upset [ゲット アプセット]

▶ あせった　got upset
[ガット アプセット]

あせったよ。
アイガット アプセット
I got upset.

あそこ ☞ あちら

あそび 遊び
play [プレイ]
a game [ゲイム]

あそぶ 遊ぶ
play [プレイ]

かくれんぼをする
プレイ ハイダンスィーク
play hide-and-seek

ドッヂボールをする
プレイ ダッヂ ボール
play dodge ball

コンピュータゲームをする
プレイア コンピュータ ゲイム
play a computer game

トランプをする
プレイ カーヅ
play cards

鬼ごっこをする
プレイ タッグ
play tag

石けりをする
プレイ ハップスカッチ
play hopscotch

じゃんけんをする
プレイ うラック スィザズ ペイパ
play rock, scissors, paper

あたたかい　暖かい，温かい
warm［ウォーム］
hot［ハット］（飲み物などが）

暖かい手ぶくろ
warm gloves

温かい飲み物
hot drinks

すずしい
cool

hot

冷たい
cold

warm

あだな　あだ名
a nickname［ニックネイム］

あたま　頭
a head［ヘッド］

あたらしい1　新しい
new［ニュー］

新しい友だち
a new friend

new

古い
old

あたらしい2　新しい（新せんな）
fresh［ふれッシュ］

新しい卵
fresh eggs

あたりまえ　当たり前
of course［オヴコース］
naturally［ナチュらリ］

あたる　当たる
hit［ヒット］

▶当たった　**hit**［ヒット］
ボールが窓に当たった。
The ball hit the window.

あちら
over there［オウヴァ　でア］（場所）
there［でア］（場所）
that way［だット　ウェイ］（方角）

あちらを見て！
Look over there!

あつい → あまり

あつい1　厚い
thick［すィック］

厚い本
アすィック　ブック
a thick book

thick

うすい
すィン
thin

あつい2　熱い
hot［ハット］

熱いスープ
ハット　スープ
hot soup

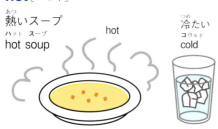
hot

冷たい
コウルド
cold

あつい3　暑い
hot［ハット］

暑い日
アハッデイ
a hot day

hot

寒い
コウルド
cold

あっち　☞ あちら

あつまる　集まる
get together［ゲット　トゥゲだ］

集まろう。
レッツ　ゲットゥゲざ
Let's get together.

あつめる　集める
gather［ギャだ］
collect［コレクト］

情報を集める
ジョウホウ　あつ
ギャだ　インふォメイション
gather information

コインを集める
コレクト　コインズ
collect coins

あてる1　当てる（ぶつける）
hit［ヒット］

的に当てる
ヒッだマーク
hit the mark

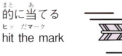

あてる2　当てる（答えを）
guess［ゲス］

当ててみて。
ゲスワット
Guess what?

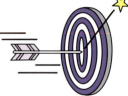

あと
after［アふタ］
later［レイタ］

昼ごはんのあと
アふタランチ
after lunch

じゃあ、あとでね。
スィーユー　レイタ
See you later.

あな　穴
a hole［ホウル］

あなた(たち)(は)
you [ユー]

あなた(たち)は(が)	you [ユー]
あなた(たち)の	your [ユア]
あなた(たち)を(に)	you [ユー]
あなた(たち)のもの	yours [ユアズ]

あなたはぼくの友だちです。
[ユーアー マイ ふレンド]
You are my friend.

ぼくはあなたの友だちです。
[アイム ユアふレンド]
I'm your friend.

あなたが好きです。
[アイ ライキュー]
I like you.

ここにあるペンはあなたのものです。
[てィーズ ペンザー ユアズ]
These pens are yours.

あに 兄
an older brother [オウルダ ブらだ]

あね 姉
an older sister [オウルダ スィスタ]

あの
that [だット] (ひとつのもの)

● あの(2つ以上のもの) those [どウズ]

あの木
[だッ トリー]
that tree

あの木々
[どウズ トリーズ]
those trees

アパート
an apartment house
[アパートメント ハウス]

あぶら 油
oil [オイル]

アフリカ
Africa [アふりカ]

あひる
a duck [ダック]

ガーガー
[クワック]
quack

アヒルの子
[ダクリング]
duckling

あまい
sweet [スウィート]

あまり あまり(たいして)…ない
not very ... [ナット ヴェり]
not so much ...
[ナット ソウ マッチ]

音楽はあまり好きじゃありません。
[アイ ドウント ライク ミューズィック ヴェりマッチ]
I don't like music very much.

あぶない 危ない
dangerous [デインヂャらス]

危ない！ Watch out!
[あぶ] [ワッチャウト]

あみ
a net [ネット]

あみもの 編み物
knitting [ニティング]

編む knit

セーターを編む
knit a sweater

あめ1 雨
rain [ぅれイン]

雨降りの rainy

あめ2 《お菓子》
(a) candy [キャンディ]

棒つきキャンディー lollipop

アメリカ (アメリカ合衆国)
America [アメリカ]
the United States of America
[だユーナイテッド ステイツ オヴ アメリカ]

アメリカ人 American

あやとり
cat's cradle [キャッツ クれイドル]

あやとりをする
play cat's cradle

あやまる
apologize [アパろヂャイズ]

かれにあやまった方がいいよ。
You should apologize to him.

おわび・断りの言葉

おそくなってごめん。
I'm sorry I'm late.

―だいじょうぶ。
That's all right.

迷惑かけて, ごめんね。
I'm sorry to trouble you.

―気にしないで。
Don't worry about it.

失礼。
Excuse me.

―いいえ。
Sure.

あらいぐま
a raccoon [ぅらクーン]

あらう 洗う
wash [ワッシュ]

よごれた手を洗いなさい。
Wash your dirty hands.

あらし　嵐
a storm [ストーム]

ありがとう
Thank you. [サンキュー]

感謝の言葉

ありがとう。(くだけた言い方)
Thanks.

Thanks a lot.

あり
an ant [アント]

どうもありがとう。
Thank you very much.

お電話ありがとう。
Thank you for calling.

—どういたしまして。
You're welcome.

ある
is [イズ] (場所に，きょり・身長が)
are [アー] (場所に，きょり・身長が)
am [アム] (きょり・身長が)

机の上に本が1冊ある。
There is a book on the desk.

本の上にはペンが2本ある。
There are two pens on the book.

私は身長が130cmあります。
I am 130cm tall.

あなたは身長が140cmあります。
You are 140cm tall.

ここから学校まで1kmある。
It is 1km from here to the school.

あるく　歩く
walk [ウォーク]

学校に歩いて行きます。
I walk to school.

アルゼンチン
Argentina [アーヂェンティーナ]

アルゼンチン人　Argentine

アルバイト
a part-time job
[パートタイム ヂャップ]

アルバム
an album [アルバム]

アルファベット
the alphabet [でィアルふァベット]

あれ
that [ダット] (ひとつのもの)

●あれ(2つ以上のもの) those

あれを見て。
ルッカッ ダット
Look at that.

あれを見て。
ルッカッ ドウズ
Look at those.

あわ
a bubble [バブル] (ひとつの)
foam [フォウム] (まとまった)

あんぜん 安全
safety [セイフティ]

安全な safe

あんないする 案内する
show [ショウ]
guide [ガイド]

案内人 guide

ぼくが案内しましょう。
アイル ショウユー アらウンド
I'll show you around.

いい ☞ よい

いいえ
no [ノウ]

手伝おうか？
ドゥユーニード マイヘルプ
Do you need my help?

―いいえ，いいです。
ノウ サンクス
No, thanks.

イーメール eメール
(an) e-mail [イーメイル]

eメールアドレス e-mail address

いいわけ 言い訳
an excuse [イクスキューズ]

言い訳しないで！
ドウントメイク イクスキューズィズ
Don't make excuses!

いいんかい 委員会
a committee [コミティ]

委員 member of a committee

議長 chairperson

いう　言う

say [セイ]
tell [テル]（告げる）
speak [スピーク]（話す）

「カエル」を英語で何て言うの？
How do you say 'kaeru' in English?

―「frog」よ。
'Frog'.

ユウタにすぐ来てと言って。
Tell Yuta to come soon.

ゆっくり言ってください。
Speak slowly, please.

▶ 言った　**said** [セッド]
　　　　　told [トウルド]

サリーは「いいえ」と言った。
Sally said, "No."

君にそう言ったはずだよ。
I told you so.

いえ　家

a house [ハウス]
a home [ホウム]（家庭）

家にいなさい。
Stay home.

- 浴室 bathroom
- 寝室 bedroom
- クロゼット closet
- えんとつ chimney
- 階段 stairs
- ガレージ garage
- 台所 kitchen
- 玄関 the front door
- ダイニングルーム dining room
- 居間 living room
- 庭 yard
- 小屋 shed

いか 1

a squid [スクィッド]
a cuttlefish [カトルふィッシュ]（コウイカ）

squid
cuttlefish

いか 2　以下（数・量が）

under [アンダ]
below [ビロウ]

8歳以下の子ども
children under eight

20度以下
below 20°C

いかが
how about ... [ハウ アバウト]

提案する時の言葉

外で遊ばない？
How about playing outside?

Why don't we play outside?

外で遊ぼう。
Let's play outside.

> 🔊 04
> ユウタ，クッキーはいかが？
> How about some cookies, Yuta?
>
> ―ありがとう，グリーンさん。これ
> いただいていいですか？
> Thank you, Mrs. Green. May I have this one?
>
> どうぞ。
> Sure.

いき　息
(a) breath [ブれす]

イギリス
the United Kingdom
[だ ユーナイテッド　キングダム]

イギリス人　British

いきる　生きる
live [リヴ]

幸せに暮らす
live happily

いく1　行く
come [カム]

昼食の用意ができたわよ。
Lunch is ready.

―すぐ行きます。
I'm coming.

いく2　行く
go [ゴウ]

学校へ行く（通う）
go to school

行ってきます。　Bye.

▶ 行った　**went** [ウェント]

おばさんに会いに行った。
I went to see my aunt.

> 🔊 05
> 香港へ行ったことある？
> Have you ever been to Hong Kong?
>
> ―あるよ。家族と3回行ったよ。君は
> 行ったことあるの？
> Yes, I've been there with my family three times. Have you?
>
> ないわ。でもいつか行ってみたいわ。
> No, I've never been there. But I want to go someday.

比較 「いく」の使い分け

come　go

いくつ
how many [ハウ メニ]（数が）
how old [ハウ オウルド]（年齢が）

消しゴムいくつ持ってる？
How many erasers do you have?

いくつ（何歳）？
How old are you?

いくら
how much [ハウ マッチ]

いくらですか？
How much is it?

—1000円ですよ。
It's 1000 yen.

いけ　池
a pond [パンド]

いけない1　（よくない）
bad [バッド]

いけない子
a bad boy

いけない2
Don't ... [ドウント]（禁止）
must not [マスト ナット]（禁止）
should not [シュッド ナット]（禁止）
have to ... [ハフ トゥ]（義務）
must [マスト]（義務）

そんな風に食べてはいけません。
Don't eat like that.
You shouldn't eat like that.

◎ 06

パパ，今テレビ見ちゃだめ？
Can't I watch TV now, Dad?

—ああ，だめだ。もうねなくてはいけないよ。
No, you may not. You have to go to bed now.

わかった。
All right.

いけん　意見
an opinion [オピニョン]
advice [アドヴァイス]（忠告）

いし　石
(a) **rock** [ゥラック]
(a) **stone** [ストウン]

いじめる
pick on [ピック アン]
bully [ブリ]

弟をいじめちゃだめだよ。
Don't pick on your brother.

いしゃ　医者
a doctor [ダクタ]

歯医者　dentist
小児科医　children's doctor
眼科医　eye doctor

いじょう　以上（数・量が）
more than [モーダン]
over [オウヴァ]

10以上
more than ten
over ten
（日本語の「以上」と異なり、10〔ten〕を含まない）

いじわるな　意地悪な
mean [ミーン]

あなたは私に意地悪ね。
You're so mean to me.

いす
a chair [チェア]

chair

スツール
stool

いずみ　泉
a spring [スプリング]

いそがしい
busy [ビズィ]

今いそがしい。
I'm busy now.

いそぐ　急ぐ
hurry [ハ〜り]

急いで！
Hurry up!

急げ！
Quick!

いた　板
a board [ボード]

いたい　痛い
sore [ソー]（ヒリヒリと）
hurt [ハ〜ト]（けがをして）

痛い！　Ouch!

のどが痛い。
I have a sore throat.

指切っちゃった。痛いよ。
I cut my finger. It hurts.

痛み　pain

頭痛
headache

歯痛
toothache

腹痛
stomachache

いたずら
(a) mischief [ミスチふ]

いたずらっ子(女の子)　naughty girl

いただきます
Let's eat. [レッツ　イート]

英語には「いただきます」「ごちそうさま」にあたる決まった言い方はない。

イタリア
Italy [イタリ]

イタリア人　Italian

いち1　一
one [ワン]

1番目(の)　first
1年生　first grader

いち2　市
a market [マーケット]
a fair [ふェア]

ノミの市　flea market

いち3　位置
a position [ポズィション]

いちがつ　一月
January [ヂャニュアリ]

いちご
a strawberry [ストろーべり]

イチゴジャム　strawberry jam

いちど　一度
once [ワンス]

いちにち　一日
a day [アデイ]

いちねん　一年
a year [アイア]

いちば　市場
a market [マーケット]

いちばん　一番
(the) best [ベスト] (最高の)
(the) first [ふァ～スト] (順序が)

私のいちばんの友だち
my best friend
第1走者
the first runner

いつ
when [ウェン]

誕生日はいつ？
When is your birthday?

いつか
someday [サムデイ]

いつか海に行きましょう。
Let's go to the beach someday.

いっかげつ 一か月
a month [アマンす]

いっしゅうかん 一週間
a week [アウィーク]

いっしょうけんめい 一生けん命
hard [ハード]

いっしょに
together [トゥゲだ]
with [ウィどゥ] (…と)

いっしょに勉強しよう。
Let's study together.

おいでよ。
Come with me.

いつつ(の) 五つ(の)
five [ふァイヴ]

いってきます 行ってきます
Bye. [バイ]

ママ, 行ってきます。
Bye, Mom.

―行ってらっしゃい, サリー。
Have a nice day, Sally.

いってらっしゃい
行ってらっしゃい
Have a nice day. [ハヴァ ナイス デイ]
See you later. [スィーユー レイタ]

いっぱいの
full [ふル]

おなかいっぱい。
I'm full.

full　empty

いつも1 (常に)
always [オールウェイズ]

サリーはいつもユウタに親切だ。
Sally is always kind to Yuta.

いつも2 (習慣)
usually [ユージュアリ]

ユウタはいつも歩いて登校する。
Yuta usually walks to school.

いと 糸 (ぬい糸)
(a) **thread** [すれッド]

● ひも，ギターのげん(糸) **string**

いとこ
a **cousin** [カズン]

いなか
the **country** [だカントり]

いぬ 犬
a **dog** [ドーグ]

ワンワン バウワウ bowwow
子イヌ パピ puppy

いのしし
a **wild boar** [ワイルド ボー]

いのち 命
a **life** [ライふ]

いのる
pray [プれイ]
wish [ウィッシュ]

神にいのる
プれイ トゥガッド
pray to God

幸運をいのる！
グッド ラック
Good luck!

いばる
be proud [プらウド]
show off [ショウ オーふ] (見せびらかす)

そんなにいばらないで。
Don't be so proud.

いばるな(見せびらかすな)。
Don't show off.

いびき
a **snore** [スノー]

グーグー ズー ZZZ

いま1 今
now [ナウ]

今何時ですか？
What time is it now?

いま2 居間
a **living room** [リヴィング るーム]

いみ 意味
(a) **meaning** [ミーニング]

意味する **mean**

どういう意味ですか？
What do you mean?

いもうと　妹
a **younger sister** ［ヤンガ　スィスタ］

いや
no ［ノウ］

いや，ミルクはいりません。
ノウ アイドウント ワント エニ ミルク
No, I don't want any milk.

👉 いいえ

いやだ
hate ［ヘイト］

いやな　**bad**
　　　　バッド
暗い中を歩くのはいやだ。
アイヘイト ウォーキング インダダーク
I hate walking in the dark.

いやなにおい
ア バッド スメル
a bad smell

イヤホン
an **earphone** ［イアフォウン］

イヤリング
an **earring** ［イアリング］

いらいらする
be **irritated** ［イリテイテッド］

何でそんなにいらいらしてるの？
ワイアーユー ソウ イリテイテッド
Why are you so irritated?

いらっしゃい
Hello. ［ヘロウ］
Welcome. ［ウェルカム］

いりぐち　入り口
an **entrance** ［エントランス］

いる1　（場所に）
is ［イズ］
are ［アー］
am ［アム］

🔊 08

サリー，どこにいるんだい？
Where are you, Sally?
——私の部屋にいるわ。ママはどこにいるの？
I am in my room. Where is Mom?
台所にいるよ。
She is in the kitchen.

いる2　（…している）
be **...ing** ［…イング］

今テレビを見ている。
アイアム ワチング ティーヴィー ナウ
I am watching TV now.

いる3 (ほしい)
want [ワント]

ほかにいる（ほしい）物はある？
ドゥ ユー ワント エニィシィング エルス
Do you want anything else?

いるか
a **dolphin** [ダルふィン]

いれもの 入れ物
a **case** [ケイス]

いろ 色
(a) **color** [カラ]

色をぬる color
色鉛筆 colored pencil

どんな色がいちばん好き？
ワット カラ ドゥ ユー ライク ベスト
What color do you like best?

—私は青が好き。
アイ ライク ブルー
I like blue.

それを青色にぬってください。
カラ イット ブルー
Color it blue.

いれる 入れる
pour [ポー] （液体を）
let in [レット イン] （客などを）
put in [プット イン] （物を）

牛乳を入れる
ポー ミルク
pour milk

私を入れて。
レット ミー イン
Let me in.

食器だなにカップを入れる
プッ ダ カップス イン ダ カボド
put the cups in the cupboard

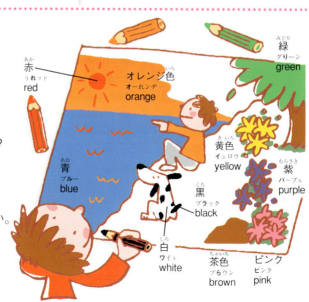

赤 red
オレンジ色 orange
緑 green
青 blue
黄色 yellow
紫 purple
黒 black
白 white
茶色 brown
ピンク pink

いろいろな→うごく

いろいろな
many kinds of ［メニ カインヅォヴ］
various ［ヴェリアス］

いろいろな種類の花
メニ カインヅォヴ ふラウアズ
many kinds of flowers

いわ 岩
(a) rock ［ぅラック］

いわし
a sardine ［サーディーン］

いんこ
a parakeet ［パらキート］
a budgie ［バッヂ］

インターネット
the Internet ［でィインタネット］

インタビュー
an interview ［インタヴュー］

インテリア
interior design ［インティりア ディザイン］

インド
India ［インディア］

インド人 Indian
じん インディアン

インフルエンザ
influenza ［インふルエンザ］
flu ［ふルー］

うえ 上
on ［アン］（くっついて）
up ［アップ］（上の方へ）
over ［オウヴァ］（上をおおって）
above ［アバヴ］（上の方）

テーブルの上に
アンだテイブル
on the table

上下
アップ アンダウン
up and down

池の上
オウヴァだパンド
over the pond

木の上
アバヴだトリー
above the tree

ウェイター
a waiter ［ウェイタ］

ウェイトレス
a waitress ［ウェイトれス］

うえる　植える
plant［プラント］
庭にチューリップを植える
plant tulips in the yard

うけとる　受けとる
get［ゲット］
receive［うりスィーヴ］
手紙を受けとる
get the letter

うがい
a **gargle**［ガーグル］
うがいをする　gargle

うける　受ける（授業などを）
have［ハヴ］
take［テイク］
英語の授業を受ける
have an English lesson

うかぶ
float［ふロウト］
氷が水にうかぶ。
Ice floats on water.

うごく1　動く（人や物が）
move［ムーヴ］
動くな。
Don't move.
Freeze.

うかる　受かる　☞ごうかくする

うきわ　うき輪
a **swim ring**［スウィム　うリング］
a **swimming ring**
［スウィミング　うリング］

うごく2　動く（機械などが）
work［ワ～ク］
あの時計は動いているの？
Is that clock working?

うく　☞うかぶ

うさぎ
a rabbit [ぅラビット]

野ウサギ
hare

うし　牛
a cow [カゥ]

モー
moo

子ウシ
calf

うしろ　後ろ
the back [だバック]

後ろに　behind

後ろの　back

後ろを見て。
Look back.

うすい1　(厚さが)
thin [すィン]

うすい本
a thin book

厚い
thick

うすい2
light [ライト] (色が)
pale [ペイル] (色が)
weak [ウィーク] (お茶などが)

うすい青色
light blue

濃い(色が)
dark

うすいコーヒー
weak coffee

light
pale

weak

濃い(お茶などが)
strong

うすだいだいいろ(の)
うすだいだい色(の)
pale orange [ペイル　オーれンヂ]

うそ
a lie [ライ]

うそつき　liar

うそをつく
tell a lie

うた　歌
a song [ソーング]

歌手　singer

うたう　歌う
sing [スィング]

歌を歌う
sing a song

▶ 歌った　sang [サング]
かれらは私に歌を歌った。
They sang a song for me.

うたがう　疑う
doubt［ダウト］

(ありそうもないと疑って)
それは信じられない。
I doubt it.

うちがわ　内側
the inside［ディインサイド］

the inside　外側 the outside

うちゅう　宇宙
the universe［ダユーニヴァ～ス］
space［スペイス］

スペースシャトル space shuttle

宇宙ステーション スペイス ステイション space station

宇宙飛行士 アストロノート astronaut

宇宙船 スペイスシップ spaceship

宇宙人 エイリャン alien

うちわ
a fan［ファン］

うつ1　打つ
hit［ヒット］(たたく)
strike［ストライク］(時計が)

ボールを打つ
hit the ball

▶打った　**struck**［ストラック］
時計が10時を打った。
The clock struck ten.

うつ2　撃つ(鉄ぽうを)
shoot［シュート］

けんじゅうを撃つ
shoot the gun

うっかりして
by mistake［バイミステイク］

うつくしい　美しい
beautiful［ビューティふル］

うつす→うる

うつす1　写す（本などを）
copy [カピ]

そのページを写す
copy the page

うつす2　写す（写真を）
take [テイク]

写真を写す（とる）
take a picture

うつす3　移す
move [ムーヴ]（物を）
give [ギヴ]（かぜを）

箱を移す
move the box

▶ 移した　**gave** [ゲイヴ]

私はサリーにかぜを移した。
I gave Sally my cold.

うで
an **arm** [アーム]

うで時計　watch

うどん
udon [ウドン]
udon noodles [ウドン　ヌードルズ]

うなぎ
an **eel** [イール]

うなずく
nod [ナッド]

ユウタはサリーにうなずく。
Yuta nods to Sally.

うま　馬
a **horse** [ホース]

ヒヒーン
neigh

子ウマ
colt

うまい
good [グッド]

うまく
well [ウェル]

うまくできました。
Well done.

うまれる　生まれる, 産まれる
be born [ボーン]

ユウタ, あなたはどこで生まれたの？
Where were you born, Yuta?
―東京で生まれたんだ。サリーはどこで生まれたの？
I was born in Tokyo. Where were you born, Sally?
私はロサンゼルスで生まれたの。
I was born in Los Angeles.

うみ　海
the sea [ダスィー]
the ocean [ディオウシャン]

海辺　beach

うむ　生む, 産む
have a baby [ハヴ ア ベイビ]（赤ちゃんを）
lay [レイ]（卵を）

うめ　梅（梅の実）
an ume [ウメ]

梅ぼし　pickled ume

うめる
bury [ベリ]

骨をうめる
bury the bone

うら　裏
back [バック]

うらない
fortune-telling [フォーチュンテリング]

うらやましい
envy [エンヴィ]

あなたがうらやましい。
I envy you.

うる　売る
sell [セル]

ハガキを売っていますか？
Do you sell postcards?
▶売った　**sold** [ソウルド]
私はかれに本を売った。
I sold him a book.

うるさい→えいが

うるさい（そうぞうしい）
noisy［ノイズィ］

うるさくしないで。
Don't be noisy.

静かな
quiet［クワイエット］
silent［サイレント］

うれしい
happy［ハピ］
glad［グラッド］

悲しい
sad［サッド］

うわぎ 上着
a **jacket**［ヂャケット］

うわさ
(a) **rumor**［るーマ］
(a) **gossip**［ガスィップ］

うん1
yes［イェス］

 はい2

うん2 運
luck［ラック］

●運勢（運） **fortune**［フォーチュン］

うんざりだ
be **fed up**［フェッダップ］
be **disgusted**［ディスガステッド］

うんざりだ。
I'm fed up.

うんちん 運賃
a **fare**［フェア］

バスの運賃 bus fare

うんてん 運転（車の）
driving［ドらイヴィング］

運転する drive
車を運転する drive a car
運転手 driver

▶ 運転した **drove**［ドろウヴ］

私たちは2時間運転した。
We drove for two hours.

うんどう 運動
an exercise [エクササイズ]

運動する　exercise

ジムに運動しに行きます。
I go to the gym to exercise.

運動会	field day
	sports day
運動場	playground

うんめい 運命
destiny [デスティニ]
fate [ふェイト]

え 絵
a picture [ピクチャ]
a painting [ペインティング]（絵の具でかいた）
a drawing [ドローイング]（線でかいた）

絵をかくこと（絵の具で）　painting
絵をかくこと（線で）　drawing

私は（絵の具で）絵をかくのが好きです。
I like painting.

子どもたちはお絵かきが好きよ。
Children like drawing.

エアコン
an air conditioner [エア コンディショナ]

えいが 映画
a movie [ムーヴィ]

映画館　movie theater
映画スター　movie star
映画を見に行く
go to the movies

えいご→えんぴつ

えいご 英語
English [イングリッシュ]

ええと
Let me see. [レットミー スィー]
Let's see. [レッツ スィー]
Well. [ウェル]

えがお 笑顔
a smile [スマイル]

えき 駅
a station [ステイション]

- 改札口 (かいさつぐち) ticket gate [ティケット ゲイト]
- 乗客 (じょうきゃく) passenger [パセンヂャ]
- 駅員 (えきいん) station employee [ステイション インプロイィー]
- 線路 (せんろ) railroad track [レイルロウド トラック]
- プラットホーム platform [プラットフォーム]

えきたい 液体
liquid [リクウィッド]

えさ
food [フード]
bait [ベイト] (つりの)

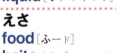
bait

food

えだ 枝
a branch [ブランチ]
a twig [トウィッグ] (小枝)
a bough [バウ] (大枝)

twig
bough

エジプト
Egypt [イーヂプト]
エジプト人 (じん) Egyptian [イヂプシャン]

エスカレーター
an escalator [エスカレイタ]

エネルギー
energy [エナヂ]

えのぐ 絵の具
paints [ペインツ]
colors [カラズ]

えび
a **prawn** [プろーン]（クルマエビ）
a **shrimp** [シュリンプ]（小エビ）
a **lobster** [ラブスタ]（ロブスター）

prawn
shrimp
lobster

エプロン
an **apron** [エイプろン]

えほん　絵本
a **picture book** [ピクチャ　ブック]

えらい
great [グれイト]

えらぶ　選ぶ
choose [チューズ]

正しい答えを選びなさい。
Choose the correct answer.

▶ 選んだ　**chose** [チョウズ]

かれはいちばん大きいケーキを選んだ。
He chose the biggest piece of the cake.

エレベーター
an **elevator** [エレヴェイタ]
a **lift** [リふト]（イギリス）

えん1　円（円形）
a **circle** [サ〜クル]

えん2　円（お金の単位）
yen [イェン]

エンジン
an **engine** [エンヂン]

えんそく　遠足
an **outing** [アウティング]
a **field trip** [ふィールド　トリップ]

えんとつ
a **chimney** [チムニ]

えんぴつ　鉛筆
a **pencil** [ペンスル]

色鉛筆　colored pencil
鉛筆けずり　pencil sharpener

お 尾（しっぽ）
a **tail** [テイル]

おいしい
delicious [ディリシャス]
good [グッド]
nice [ナイス]

おいしい。
Yummy. [ヤミ]

おう1 追う
run after [ゥラン アふタ]
chase [チェイス]

▶ 追った **ran after** [ゥランナふタ]

イヌがボールを追いかけた。
The dog ran after a ball.
[ドーグ ゥランナふタァ ボール]

おう2 王
a **king** [キング]

おうえん 応えん
cheering [チアリング]

応えんする **cheer** [チア]

応えんする時の言葉

元気を出せ！
Cheer up! [チアらップ]

がんばれ，ユウタ！
Come on, Yuta! [カマン ユータ]

最後までやれ！
Fight it out! [ふァイティット アウト]

おうじ 王子
a **prince** [プリンス]

おうじょ 王女
a **princess** [プリンセス]

おうだんほどう 横断歩道
a **crosswalk** [クろースウォーク]

おうふく 往復
go and return [ゴウ アンりタ〜ン]

往復きっぷ **round-trip ticket** [ゥラウンドトリップ ティケット]

おうむ
a **parrot** [パろット]

おおい 1 （呼びかけて）
Hello! [ヘロウ]
Hey! [ヘイ]

おおい 2　多い（数・量が）
a lot of [アラットヴ]
lots of [ラッツォヴ]
many [メニ]（数が）
much [マッチ]（量が）

たくさんのクッキー
a lot of cookies

たくさんのカップケーキ
many cupcakes

少ない（数が）
few

many

多すぎるレモネード
too much lemonade

much

少ない（量が）
little

おおかみ
a wolf [ウルふ]

おおきい　大きい
big [ビッグ]
large [ラーヂ]
loud [ラウド]（声が）

大きい動物
a big animal

大きいプール
a large pool

大きい声
a loud voice

小さい
small
little

小さい（声が）
small
low

big
large
loud

オーケストラ
an orchestra [オーケストら]

オーストラリア
Australia [オーストれイリャ]

オーストラリア人　Australian

オートバイ
a motorbike [モウタバイク]
a motorcycle [モウタサイクル]

おおみそか　大みそか
New Year's Eve
[ニュー　イアズ　イーヴ]

thirty-nine **39**

おか　丘
hill［ヒル］

おかあさん　お母さん
mother［マだ］
mom［マム］

おかえりなさい　お帰りなさい
Hi.［ハイ］
Welcome back.［ウェルカム　バック］

ただいま，パパ。
Hi, Dad. I'm home.
―お帰り，サリー。
　Hi, Sally.

おかし　お菓子　☞かし

おかしい1　（おもしろい）
funny［ふァニ］
おかしな顔
a funny face

おかしい2　（きみょうな）
strange［ストれインヂ］
おかしな話
a strange story

おかず
a dish［ディッシュ］

おかゆ　☞かゆ

おきる1　起きる（床から起き出す）
get up［ゲット　アップ］
私は毎朝6時に起きる。
I get up at six every morning.

おきる2　起きる（目を覚ます）
wake up［ウェイク　アップ］
起きなさい！
Wake up!

比較　「おきる」の使い分け

get up

wake up

おく1　置く
put［プット］
机の上にバッグを置く
put a bag on the desk

おく2　億
a **hundred million** [ハンドレッド　ミリョン]

おくじょう　屋上
a **roof** [るーふ]

おくりもの　贈り物
a **present** [プレズント]
a **gift** [ギフト]

これは君への贈り物だよ。
Here is a present for you.

—まあ，ありがとう，ユウタ。今開けていい？
Oh, thank you, Yuta. Can I open it now?

いいよ。
Sure.

おくる1　送る（品物を）
send [センド]

カードを送る
send a card

送った　**sent** [セント]

ユウタは日本に小包を送った。
Yuta sent a package to Japan.

おくる2　贈る（贈り物を）
give [ギヴ]

誕生日の贈り物を贈る
give a birthday gift

おくれる
be late [レイト]

おくれた！
I'm late!

おこす　起こす
wake up [ウェイク　アップ]

明日7時に起こして。
Wake me up at seven tomorrow.

おこる1　怒る
get angry [ゲット　アングリ]
get mad [ゲット　マッド]

怒った　angry
　　　　mad

私に怒らないで。
Don't get angry at me.

おこる2　起こる（ぐう然に）
happen [ハプン]

何が起こったの？
What happened?

おごる
treat [トリート]

これは私のおごりよ。
This is my treat.

おじ
an uncle［アンクル］

おじいさん
a grandfather［グランファーだ］(祖父)
a grandpa［グランパ］(祖父)
an old man［オウルド マン］(お年寄り)

おしえる1 教える
show［ショウ］(示して)
teach［ティーチ］(勉強を)

読み方を教える
show how to read

英語を教える
teach English

▶ 教えた taught［トート］

おしえる2 教える (道などを)
tell［テル］

ユウタに道を教える
tell Yuta the way

▶ 教えた told［トウルド］

🔊 11

学校へ行く道を教えてもらえますか？
Could you tell me the way to the school?

―いいですよ。この通りをまっすぐ進んで，2ブロック歩いたら左へ曲がると，学校は右側にあります。
Sure. Go straight down this street. Walk two blocks and turn left. The school is on your right.

比較 「おしえる」の使い分け
show / teach / tell

おじぎ
a bow［バウ］

おじぎをする bow

おじさん
an uncle［アンクル］(親せきの)
a gentleman［ヂェントルマン］(男の人)

おしっこ
pee［ピー］

おしっこに行きたい。
I've got to go.

おしゃべり
a chat［チャット］

おしゃれな
fashionable［ファショナブル］

おす1
push［プッシュ］
press［プレス］

ボタンをおす
push the button

お

おす2 雄
a **male** [メイル]

おそい1 (速さが)
slow [スロウ]

おそい速度(スピード)
アスロウ スピード
a slow speed

slow
速い
ファスト
fast

おそい2 (時間が)
late [レイト]

夜おそい
レイト アットナイト
late at night

late
早い
ア〜リ
early

おそう
attack [アタック]
hit [ヒット]

おそろしい
terrible [テリブル]

おたがい(に) 👉 たがいに

おたまじゃくし
a **tadpole** [タッドポウル]

おだやかな
calm [カーム]

おちゃ お茶 👉 ちゃ

おちる1 落ちる (人や物が)
fall [フォール]
drop [ドロップ]

池に落ちる
フォール イントゥだポンド
fall into the pond

おちる2 落ちる (試験に)
fail [フェイル]

試験に落ちる
フェイル アンニグザム
fail an exam

おつかい お使い
an **errand** [エランド]

おっと
Oops! [ウープス]

Oops!

おっとせい
a **seal** [スィール]

おてだま お手玉
a **beanbag** [ビーンバッグ]

forty-three **43**

おと 音
sound [サウンド]
noise [ノイズ] (騒音)

おとうさん お父さん
father [ファーだ]
dad [ダッド]

おとうと 弟
a younger brother [ヤンガ ブラだ]

おとこ 男
a man [マン]
- 男(2人以上) men
男の子 boy

おとしより お年寄り
☞ としより

おとす1 落とす (落っことす)
drop [ドロップ]
鉛筆を落とす
drop a pencil

おとす2 落とす (なくす)
lose [ルーズ]
お金を落とす
lose my money

おととい
the day before yesterday
[だデイ ビふォー イェスタディ]

おとな 大人
an adult [アダルト]
a grown-up [グろウナップ]

おとなしい
quiet [クワイエット]
gentle [ヂェントル]

おどり
dancing [ダンスィング]
a dance [ダンス]

おどる
dance [ダンス]

サリー、ぼくとおどってくれない？
Will you dance with me, Sally?
—喜んで、ユウタ。
I'd love to, Yuta.

おどろく（予期しないことで）
be surprised [サプらイズド]

ああ、おどろいた！
オウ　アイム　サプらイズド
Oh, I'm surprised!

おなか
a stomach [スタマック]
a tummy [タミ]

おなじ1　同じ（等しい）
equal [イークワル]

同じ重さ
イークワル　ウェイト
equal weight

おなじ2　同じ（…と同じくらい）
as ... as ... [アズ　アズ]

このボールはあれと同じ大きさです。
ディス ボーリズ　アズ ビッグ アズ　ダット ワン
This ball is as big as that one.

おなじ3　同じ（同じもの）
the same [だセイム]

同じ種類のボール
だセイム　カインド ヴ　ボールズ
the same kind of balls

ちがう
ディファれント
different

the same

おなら
gas [ギャス]
wind [ウィンド]
a fart [ファート]

おに　鬼
a demon [ディーモン]
it [イット]（鬼ごっこの）

君が鬼だよ。
ユーア　イット
You're it.

鬼ごっこをする
プレイ　タッグ
play tag

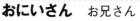

おにいさん　お兄さん
an older brother [オウルダ　ブらだ]

おにぎり
onigiri [オニギリ]
a rice ball [ら イス　ボール]

おねえさん　お姉さん
an **older sister** [オウルダ　スィスタ]

おねがい　お願い
Please. [プリーズ]

おば
an **aunt** [アント]

おばあさん
a **grandmother** [グランマだ] (祖母)
a **grandma** [グランマ] (祖母)
an **old woman** [オウルド　ウマン] (お年寄り)

おばけ
a **ghost** [ゴウスト]

おばけ屋しき　haunted house [ホーンテッド　ハウス]

おばさん
an **aunt** [アント] (親せきの)
a **lady** [レイディ] (女の人)

おはよう
Good morning. [グッド　モーニング]

おび　帯
an **obi** [オビ]
a **belt for a kimono** [ベルト　フォアキモウノ]

おぼえる1　覚える（記おくする）
remember [ぅりメンバ]

私を覚えていますか？
Do you remember me? [ドゥユー　ぅりメンバミー]

おぼえる2　覚える（学ぶ）
learn [ラ〜ン]

フランス語をどこで覚えたの？
Where did you learn French? [ウェア　ディデューラ〜ン　ふレンチ]

おぼれる
drown [ドらウン]
be drowned [ドらウンド]

ネコがおぼれている。
A cat is drowning. [ア キャッティズ　ドらウニング]

おまけ （景品）
a **giveaway** [ギヴァウェイ]

おまもり　お守り
a **lucky charm** [ラキ　チャーム]

おみくじ
a **fortune paper** [フォーチュン　ペイパ]

おみやげ　☞みやげ

オムレツ
an **omelet** [アムレット]

おめでとう
Congratulations! [コングらチュレイションズ]

誕生日おめでとう！
Happy Birthday! [ハピ　バ〜すデイ]

あけましておめでとう！
Happy New Year! [ハピ　ニュー　イア]

おもい1　重い（物が）
heavy［ヘヴィ］
重いベッド
アヘヴィ ベッド
a heavy bed

heavy / light

おもい2　重い（病気が）
serious［スィリアス］
重い病気
アスィリアス イルネス
a serious illness

おもいだす　思い出す
remember［うリメンバ］
remind of［うリマインド オヴ］

今やっと思い出しました。
ナウ アイリメンバ
Now I remember.

その歌でサリーを思い出す。
ダソーング うリマインヅミー オヴサリ
The song reminds me of Sally.

おもいで　思い出
a memory［メモリ］

おもいやりのある　思いやりのある
thoughtful［そートふル］

おもう1　思う（考える）
think［すィンク］

私はそう思う。
アイすィンク ソウ
I think so.

▶ 思った　**thought**［そート］

いいチャンスだと思った。
アイそート イットワザ グッ チャンス
I thought it was a good chance.

おもう2　思う
guess［ゲス］（推測する）
be afraid［アふレイド］（心配する）

たぶん君が正しいと思う。
アイゲス ユーアらイト
I guess you're right.

明日雨が降ると思う。
アイマふレイド イットウイル うレイン トゥマろウ
I'm afraid it will rain tomorrow.

おもしろい1
interesting［インタれスティング］（興味ある）
exciting［イクサイティング］（はらはらさせる）

私たちはおもしろい本を読む。
ウィリード インタれスティング ブックス
We read interesting books.

これはおもしろい映画です。
ディスィズ アンイクサイティング ムーヴィ
This is an exciting movie.

interesting

exciting / boring / dull

おもしろい2　（おかしい）
funny［ふァニ］

かれはいつもおもしろい。
ヒーズ オールウェイズ ふァニ
He is always funny.

おもちゃ→おんな

おもちゃ
a toy [トイ]

おもちゃ屋
トイ シャップ
toy shop

おもちゃ箱
トイ バックス
toy box

ボードゲーム
ボード ゲイム
board game

トランプ
カーヅ
cards

ボール
ボール
ball

人形
ダル
doll

ヨーヨー
ヨウヨウ
yo-yo

ジグソーパズル
ヂグソー パズル
jigsaw puzzle

おもて 表
front [ふらント]

おや 親（父または母）
a parent [ペアレント]

およぐ 泳ぐ
swim [スウィム]

私は100mぐらいは泳ぐことができる。
アイキャン スウィム アバウトワン ハンドレッド ミータズ
I can swim about 100m.

おやすみなさい
Good night. [グッド ナイト]

おやつ
a snack [スナック]

泳いだ swam [スワム]

少女は川を横切って泳いだ。
ダガール スワム アクロースだリヴァ
The girl swam across the river.

おり
a cage [ケイヂ]

おりる1 下りる（高い所から）
go down [ゴウ ダウン]
come down [カム ダウン]

階段を下りる
ゴウダウン だステアズ
go down the stairs

おりる2 降りる（乗り物から）
get out of [ゲット アウトヴ]（車・ボートを）
get off [ゲット オーふ]（自転車・バス・電車を）

車を降りる
ゲッタウトヴ だカー
get out of the car

自転車を降りる
ゲットーふ だバイク
get off the bike

オリンピック
the Olympic Games
[でィオリンピック ゲイムズ]

おる1　折る（紙や毛布を）
fold［フォウルド］
紙を半分に折る
fold the paper in half

おる2　折る（木や骨を）
break［ブレイク］
木の枝を折る
break the branch

▶ 折った　**broke**［ブロウク］
私は左うでを折った。
I broke my left arm.

オルガン　（足ぶみ式の）
an organ［オーガン］

オルゴール
a music box［ミューズィック　バックス］

オレンジ
an orange［オーれンヂ］

オレンジいろ(の)　オレンジ色(の)
orange［オーれンヂ］

おろす　（手を）
put down［プット　ダウン］
手をおろしなさい。
Put down your hands.

おわり　終わり
an end［エンド］

おわる　終わる
finish［ふィニッシュ］（終わらせる）
be over［オウヴァ］（おしまいにする・仕上げる）
end［エンド］（おしまいにする・仕上げる）

昼ごはん食べ終わった？
Have you finished your lunch?

学校が終わる。
School is over.

失敗に終わる
end in failure

おんがく　音楽
music［ミューズィック］

おんしつ　温室
a greenhouse［グリーンハウス］

おんど　温度
temperature［テンパラチャ］

温度計，体温計　thermometer
セ氏　centigrade（℃）
　　　Celsius
カ氏　Fahrenheit（°F）
カ氏はアメリカやイギリスで使われる温度の単位。20℃＝68°F

おんな　女
a woman［ウマン］
● 女(2人以上)　women
女の子　girl

か→かえる

か
a mosquito [モスキートウ]

が
a moth [モーす]

カーディガン
a cardigan [カーディガン]

カーテン
a curtain [カ〜トン]

カーテンを引く
ドローア カ〜トン
draw a curtain

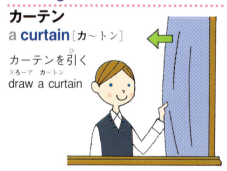

カード
a card [カード]

カーネーション
a carnation [カーネイション]

かい1 階
a floor [ふロー]
a story [ストーり]

2階建ての家
トゥーストーリド ハウス
two-storied house

2階
だセカンド ふロー
the second floor

1階
（イギリスでは2階）
だふァ〜スト ふロー
the first floor

かい2 回
a time [タイム]

1回 ワンス once
2回 トワイス twice
3回 すりー タイムズ three times

かい3 貝
a shellfish [シェルふィッシュ]
a shell [シェル]（貝がら）

かいがん 海岸
the seashore [だスィーショー]
the beach [だビーチ]

がいこく 外国
a foreign country
[ふォーりン カントり]

外国の ふォーりン foreign
外国語 ふォーりン ラングウェッヂ foreign language
外国人 ふォーりナ foreigner

かいしゃ 会社
a company [カンパニ]
an office [オーふィス]

会社員・サラリーマン
オーふィス ワ〜カ
office worker

かいすいよく 海水浴
swimming in the sea
[スウィミング インだスィー]

ビーチボール
ビーチ ボール
beach ball

浜辺
ビーチ
beach

かいだん 階段
stairs［ステアズ］
steps［ステップス］

かいちゅうでんとう かい中電灯
a flashlight［フラッシュライト］

かいぶつ 怪物
a monster［マンスタ］

かいもの 買い物
shopping［シャピング］

かいわ 会話
(a) conversation［カンヴァセイション］
a talk［トーク］

かう1 買う
buy［バイ］
get［ゲット］

三省堂で本を買う
バイ ア ブック アット サンセイドー
buy a book at Sanseido

▶ 買った bought［ボート］

サリーはユウタに時計を買った。
サリ ボート ユータ ワッチ
Sally bought Yuta a watch.

かう2 飼う
have［ハヴ］
keep［キープ］

ネコを2ひき飼っている。
アイ ハヴ トゥー キャッツ
I have two cats.

ペットを飼う
キープ ペッツ
keep pets

カウンセラー
a counselor［カウンセラ］

かえす 返す
give back［ギヴ バック］
return［うリターン］

返して！
ギヴィット バック トゥ ミー
Give it back to me!

本をたなに返しなさい。
うリターン だ ブック トゥ だ シェルフ
Return the book to the shelf.

かえる1 変える，替える
change［チェインヂ］

円をドルに替える
チェインヂ イェン トゥ ダラズ
change yen to dollars

かえる2　帰る
go back [ゴウ　バック]（帰って行く）
come back [カム　バック]（帰って来る）

家に帰る　**go home** [ゴウ ホウム]
　　　　　come home [カム ホウム]

5時までに帰る
go back by five [ゴウバック バイふァイヴ]

学校から帰る
come back from school [カムバック ふらムスクール]

🔊 13

パパ，ただいま。
Hi, Dad. I'm home.
―お帰り，サリー。学校はどうだった？
　Hi, Sally. How was school?
テストがあって，なかなかのできだったわ。
I had a quiz and I did pretty well.

かえる3　《動物》
a frog [ふラッグ]（アマガエルなど）
a toad [トウド]（ヒキガエル）

frog
toad

ゲロゲロ
ribbit [うリビット]
croak [クロウク]

かお　顔
a face [ふェイス]

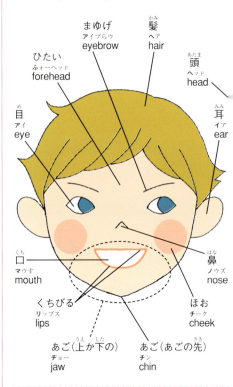

- ひたい　forehead [ふォーヘッド]
- まゆげ　eyebrow [アイブらウ]
- 髪　hair [ヘア]
- 頭　head [ヘッド]
- 目　eye [アイ]
- 耳　ear [イア]
- 口　mouth [マウす]
- 鼻　nose [ノウズ]
- くちびる　lips [リップス]
- ほお　cheek [チーク]
- あご（上か下の）　jaw [チョー]
- あご（あごの先）　chin [チン]

かがく　科学
science [サイエンス]

科学者　scientist [サイエンティスト]

かかし
a scarecrow [スケアクろウ]

かかと
a heel [ヒール]

かがみ　鏡
a mirror [ミら]

かがやく
shine［シャイン］

●かがやいた　bright
太陽がかがやいている。
The sun is shining.

目をかがやかせて
with bright eyes

かかり　係
in charge of［インチャーヂョヴ］

私が祭りの係です。
I'm in charge of the festival.

かかる1　（病気に）
have［ハヴ］

インフルエンザにかかった。
I have the flu.

かかる2
cost［コースト］（お金が）
take［テイク］（時間が）

お金がたくさんかかります。
It costs a lot of money.

試合は2時間かかるでしょう。
The game will take two hours.

▶かかった　took［トゥック］
そこに行くのに1時間かかった。
It took one hour to go there.

かき1　《貝》
an oyster［オイスタ］

かき2　《果物》
a persimmon［パ〜スィモン］

かぎ
a key［キー］

かぎをかける　lock

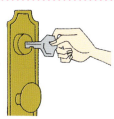

かきね　かき根
a fence［フェンス］
a hedge［ヘッヂ］

かきゅうせい　下級生
a younger student
［ヤンガ　ステューデント］

fifty-three **53**

かく→かける

かく1　書く（文字を）
write [ぅらイト]

名前を書きなさい。
Write your name.

▶ 書いた　**wrote** [ぅろウト]

ユウタはサリーに手紙を書いた。
Yuta wrote a letter to Sally.

かく2　（絵を）
paint [ペイント]（絵の具で）
draw [ドろー]（線で）

絵をかく
paint a picture

地図をかく
draw a map

▶ かいた　**drew** [ドるー]

かく3　（引っかく）
scratch [スクらッチ]

かいちゃだめよ。
Don't scratch.

かゆい！
It's itchy!

かぐ　家具
furniture [ふァ〜ニチャ]

がくしゅう　学習
learning [ラ〜ニング]

学習塾　cram school

かくす
hide [ハイド]

手紙をかくす
hide the letter

▶ かくした　**hid** [ヒッド]

雲が月をかくした。
The clouds hid the moon.

がくせい　学生
a student [ステューデント]

かくど　角度
an angle [アングル]

直角　right angle

がくねん　学年
a grade [グれイド]

何年生ですか？
What grade are you in?

―6年生です。
I'm in the sixth grade.

がくふ　楽譜
music [ミューズィック]
a score [スコー]

かくれる
hide[ハイド]

ベッドの下にかくれる
hide under the bed

▶ かくれた **hid**[ヒッド]

月は雲にかくれた。
The moon hid behind the clouds.

かくれんぼ(う)
hide-and-seek[ハイダンスィーク]

かくれんぼ(う)をする
play hide-and-seek

かげ1 (日陰)
shade[シェイド]

木のかげ
the shade of a tree

かげ2 (人などの影)
a shadow[シャドウ]

ぼくのかげ
my shadow

比較 「かげ」の使い分け

shadow

shade

がけ
a cliff[クリッふ]

かけざん かけ算
multiplication[マルティプリケイション]

2かける2は4。
Two times two is four.

かけっこ
a race[ぅれイス]

かける1
hang[ハング] (つるす)
wear[ウェア] (めがねを)
put on[プット アン] (めがねを)

ジャケットをかける
hang the jacket

めがねをかける
wear glasses

かける→カスタネット

かける2 （かぶせる）
cover［カヴァ］

テーブルにテーブルクロスをかける
cover the table with a tablecloth

かける3 （電話を）
call［コール］

5時にユウタに電話をかける
call Yuta at five

かこ　過去
past［パスト］

かご
a **basket**［バスケット］

basket

鳥かご
birdcage
cage

かさ　（雨がさ）
an **umbrella**［アンブれラ］

かざぐるま　風車
a **pinwheel**［ピンウィール］

かざる
decorate［デコれイト］

部屋に花をかざる
decorate the room with flowers

かざん　火山
a **volcano**［ヴァルケイノウ］

かし　菓子
(a) **candy**［キャンディ］

お菓子屋　candy store

クッキー
cookie

ケーキ
cake

ガム
gum

棒つきキャンディー
lollipop

プレッツェル
pretzel

かじ1　火事
a **fire**［ふァイア］

かじ2　家事
housework［ハウスワ～ク］

かす 貸す
lend [レンド]

君の自転車を貸してくれる？
ウィルユー レンドミー ユアバイク
Will you lend me your bike?

▶ 貸した **lent** [レント]

サリーはユウタに自転車を貸した。
サリー レント ユータ ハー バイク
Sally lent Yuta her bike.

かず 数
a **number** [ナンバ]

1	ワン one	11	イレヴン eleven	30	さ〜ティ thirty
2	トゥー two	12	トウェルヴ twelve	40	ふぉ〜ティ forty
3	すりー three	13	さ〜ティーン thirteen	50	ふぃふティ fifty
4	ふぉー four	14	ふぉ〜ティーン fourteen	60	スィックスティ sixty
5	ふァイヴ five	15	ふぃふティーン fifteen	70	セヴンティ seventy
6	スィックス six	16	スィックスティーン sixteen	80	エイティ eighty
7	セヴン seven	17	セヴンティーン seventeen	90	ナインティ ninety
8	エイト eight	18	エイティーン eighteen	100	ワン ハンドレッド one hundred
9	ナイン nine	19	ナインティーン nineteen	101	ワン ハンドレッド アンワン one hundred and one
10	テン ten	20	トウェンティ twenty	200	トゥー ハンドレッド two hundred
0	ズィアロウ zero	21	トウェンティワン twenty-one	1000	ワン さウザンド one thousand
				1万	テン さウザンド ten thousand
				1億	ワン ハンドレッド ミリオン one hundred million

アメリカ，イギリスなどの数の数え方
指を使った数え方は，日本と同じく人差し指，中指，薬指の順に立てていくほかに，次の方法もある。

one　　two　　three　　　　one　　　　　two　　　　　three

ガス
gas [ギャス]

カスタネット
castanets [キャスタネッツ]

かぜ1　風
(the) wind ［ウィンド］

そよ風　breeze
風の強い　windy
風の強い日　a windy day

カセット
a cassette ［カセット］

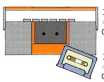

カセットテープレコーダー
cassette (tape) recorder

カセットテープ
cassette tape

かぜ2　(病気の)
(a) cold ［コウルド］

かぜをひいています。
I have a cold.
cough-cough

かぞえる　数える
count ［カウント］

私たちはこうやって数を数えます。
We count like this.

かせき　化石
a fossil ［ふァスル］

かぞく　家族
a family ［ふァミリ］

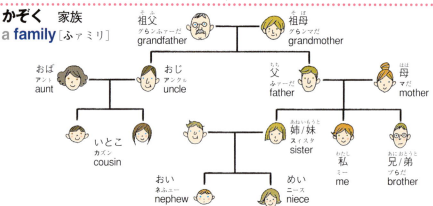

祖父　grandfather
祖母　grandmother
おば　aunt
おじ　uncle
父　father
母　mother
いとこ　cousin
姉/妹　sister
私　me
兄/弟　brother
おい　nephew
めい　niece

ガソリン
gasoline ［ギャソリーン］
= **gas** ［ギャス］

ガソリンスタンド　gas station

かた
a shoulder ［ショウルダ］

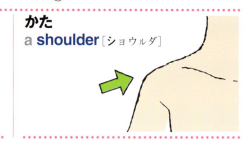

かたい 固い
hard [ハード]（石のように）
tough [タフ]（肉が）

固い岩
a hard rock

hard

やわらかい
soft

固い肉
tough meat

かたかな
katakana [カタカナ]

かたち 形
(a) shape [シェイプ]

円
サークル
circle

だ円
オウヴル
oval

三角形
トライアングル
triangle

正方形
スクウェア
square

長方形
レクタングル
rectangle

かたづける 片づける
put away [プット アウェイ]（物を動かして）
clean up [クリーン アップ]（きれいにして）

本を片づけなさい。
プッテュア ブックス アウェイ
Put your books away.

部屋を片づけなさい。
クリーンナップ ユア ルーム
Clean up your room.

かたつむり
a snail [スネイル]

かたな 刀
a sword [ソード]

かだん 花だん
a flower bed [フラウア ベッド]

かち 価値
worth [ワ〜す]
value [ヴァリュー]

がちょう
a goose [グース]

かつ 勝つ
win [ウィン]

試合に勝つ
ウィン だゲイム
win the game

▶ 勝った **won** [ワン]

勝った！
アイワン
I won!

かつお
a bonito [ボニートゥ]

がっか 学科
a subject [サブヂェクト]

算数 さんすう	math マす	
理科 りか	science サイエンス	
体育 たいいく	PE ピーイー	
音楽 おんがく	music ミューズィック	
国語 こくご	Japanese ヂャパニーズ	
英語 えいご	English イングリッシュ	
社会科 しゃかいか	social studies ソウシャル スタディズ	
図工 ずこう	arts and crafts アーツ アンくらふつ	
家庭科 かていか	home economics ホウム イーコナミックス	

	Mon	Tue
1	math	PE
2	science	English

がっかりする→かぶとむし

がっかりする
be disappointed
[ディサポインテッド]

アイム ディサポインテッド
I'm disappointed.
がっかりしたよ。

がっき1 学期
a school term[スクール タ～ム]

がっき だふァ～スト タ～ム
1学期 the first term
しんがっき ニュー タ～ム
新学期 new term

がっき2 楽器
a musical instrument
[ミューズィカル インストるメント]

がっきゅう 学級
a class[クラス]

かっこ
parentheses[パれンせスィーズ]（丸かっこ）
brackets[ブらケッツ]（角かっこ）

( )　　[ ]

かっこう
a cuckoo[ククー]

がっこう 学校
a school[スクール]

しょうがっこう エレメンタリ スクール
小学校 elementary school
ちゅうがっこう ヂューニア ハイ スクール
中学校 junior high school
こうこう スィーニア ハイ スクール
高校 senior high school

がっしょう 合唱
a chorus[コーらス]

カップ
a cup[カップ]

かてい 家庭
(a) home[ホウム]

かていきょうし テュータ
家庭教師 tutor

かていか 家庭科
home economics
[ホウム イーコナミックス]

かど 角
a corner[コーナ]

かどう 華道（生け花）
flower arrangement
[ふラウア アれインヂメント]

かな 👉 かたかな，ひらがな

かなしい 悲しい
sad[サッド]

sad

うれしい
ハピ
happy
グラッド
glad

カナダ
Canada[キャナダ]

かなだじん カネイディアン
カナダ人 Canadian

かなづち 金づち
a **hammer** [ハマ]

かならず 必ず
always [オールウェイズ]（いつも）
sure [シュア]（きっと）

必ず6時に起きます。
アイ オールウェイズ ゲッタップ アットスィックス
I always get up at six.

必ず電話してね。
ビーシュア トゥコールミー
Be sure to call me.

カナリア
a **canary** [カネリ]

かのじょ(は) かの女(は)
she [シー]

かの女は(が)　　she
かの女の　　　　her
かの女を(に)　　her
かの女のもの　　hers

かの女はぼくの友だちです。
シーイズ マイふれンド
She is my friend.

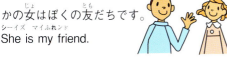

かば
a **hippopotamus** [ヒポパタマス]
a **hippo** [ヒポウ]

かばん
a **bag** [バッグ]
ショルダーバッグ
shoulder bag
バックパック
backpack
紙ぶくろ
ペイパ バッグ
paper bag

かに
a **crab** [クラッブ]

かね1 金
money [マニ]

円　　yen
ドル　dollar
金持ちの　rich

かね2
a **bell** [ベル]

ゴーン
バング
bong

かの女の名前はサリーです。
ハーネイミズ サリ
Her name is Sally.

かの女が好きです。
アイライクハー
I like her.

このイヌはかの女のものです。
ディスドーギズ ハーズ
This dog is hers.

かびん 花びん
a **vase** [ヴェイス]

かぶ
a **turnip** [ターニップ]

かぶき 歌舞伎
kabuki [カブーキ]
Japanese traditional play
[ヂャパニーズ トラディショヌル プレイ]

かぶとむし かぶと虫
a **beetle** [ビートル]

sixty-one **61**

かぶる→から

かぶる （ぼうしなどを）
put on [プット アン]
wear [ウェア]

ぼうしをかぶりなさい。
You should put on your hat.

▶ かぶった　**wore** [ウォー]

お父さんは古いぼうしをかぶった。
Dad wore his old hat.

かべ
a **wall** [ウォール]

かぼちゃ
a **pumpkin** [パンプキン]
a **squash** [スクワッシュ]

ジャコランタン
（カボチャのランプ）
jack-o'-lantern

かまう　構う
care [ケア]
mind [マインド]

構わないよ。
I don't care.

構うもんか。
Who cares?

🔊 14

ここにすわってもいいかな？
Do you mind if I sit here?

—ええ，構わないわよ。いっしょにビデオを見ない？
No, go ahead. Why don't you watch the video with me?

それはおもしろそうだね！
That sounds fun!

かまきり
a **mantis** [マンティス]
= a **praying mantis** [プレイイング マンティス]

がまんする
stand [スタンド]

がまん強い　patient

そんなことがまんできない。
I can't stand it.

かみ1　神
a **god** [ガッド]

かみ2　紙
paper [ペイパ]

紙飛行機
paper airplane

紙風船
paper balloon

かみ3　髪
hair [ヘア]

髪型　hairstyle

かみなり
thunder［サンダ］

● いなづま（かみなり） ライトニング **lightning**

かむ1 （鼻を）
blow［ブロウ］

鼻をかみなさい。
ブロウ ユアノウズ
Blow your nose.

かむ2
chew［チュー］（ガムや食べ物を）
bite［バイト］（かみつく）

チューインガム チューイング ガム chewing gum

よくかんで食べなさい。
チュー ユアフード ウェル
Chew your food well.

▶ かんだ **bit**［ビット］

イヌに脚をかまれた（イヌが脚をかんだ）。
ドーグ ビット マイレッグ
The dog bit my leg.

ガム
chewing gum［チューイング ガム］
= **gum**［ガム］

風船ガム バブル ガム
bubble gum

かめ
a **turtle**［タ～トル］（海ガメ）
a **tortoise**［トータス］（陸ガメ）

カメラ
a **camera**［キャメラ］

写真家 フォタグラふァー photographer

かもく 科目 ☞ がっか

かもしれない …かもしれない
may［弱 メイ 強 メイ］

今夜は雪かもしれない。
イットメイ スノウ トゥナイト
It may snow tonight.

かゆ （米の）
rice porridge［ライス ポーリッヂ］

かゆい
itchy［イチ］

かよう 通う ☞ いく2

かようび 火曜日
Tuesday［テューズディ］

から1 …から（場所・時間）
from［ふラム］
since［スィンス］

ユウタは日本から来ている。
ユータイズ ふラムヂャパン
Yuta is from Japan.

月曜日から雨が降っている。
イットハズビン ウれイニング スィンスマンディ
It has been raining since Monday.

から2 …から（材料）
from［ふらム］（元の材料が変化する）
of［オヴ］（元の材料が変化しない）

チーズは牛乳からできている。
Cheese is made from milk.

その机は木でできている。
The desk is made of wood.

からい
hot［ハット］

からし
mustard［マスタド］

からす
a crow［クロウ］

カア
コー
caw

ガラス
glass［グラス］

かりる 借りる
borrow［バロウ］
rent［ぅレント］（有料で）
use［ユーズ］（使う）

消しゴムを借りてもいい？
Can I borrow your eraser?

からだ 体
a body［バディ］

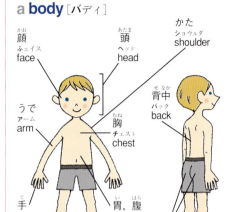

顔 フェイス face
頭 ヘッド head
かた ショウルダ shoulder
うで アーム arm
胸 チェスト chest
背中 バック back
手 ハンド hand
胃, 腹 スタマック stomach
しり バトクス buttocks
脚 レッグ leg
足 フット foot

からて 空手
karate［カラーテイ］

からの 空の
empty［エンプティ］

いっぱいの
ふる
full

empty

ぼくが車を借りるよ。
I'll rent a car.

電話を借りてもいいですか？
May I use your phone?

かる
cut [カット] (髪を)
mow [モウ] (芝生を)

髪を切ってもらう
ハヴ マイ ヘア カット
have my hair cut

芝生をかる
モウ ダ ローン
mow the lawn

かるい 軽い
light [ライト]

light

重い
ヘヴィ
heavy

かれ(は)
he [ヒー]

かれは(が)	ヒー he
かれの	ヒズ his
かれを(に)	ヒム him
かれのもの	ヒズ his

かれはぼくの友だちです。
ヒーイズ マイふれンド
He is my friend.

かれの名前はユウタです。
ヒズネイミズ ユータ
His name is Yuta.

かれが好きです。
アイライクヒム
I like him.

この自転車はかれのものです。
でィスバイキズ ヒズ
This bike is his.

カレー(ライス)
curry and rice [カ〜リ アンらイス]

ガレージ
a garage [ガらージュ]

かれら(は)
they [でィ]

かれらは(が)	でィ they
かれらの	でァ their
かれらを(に)	でム them
かれらのもの	でァズ theirs

かれらはホワイト夫妻です。
でィアー ミスタ アンミセズ ワイト
They are Mr. and Mrs. White.

サリーがかれらのむすめです。
でァドータリズ サリ
Their daughter is Sally.

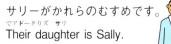

ぼくはかれらをよく知っています。
アイノウでム ヴェリ ウェル
I know them very well.

この家はかれらのものです。
でィスハウスィズ でァズ
This house is theirs.

カレンダー
a calendar [キャレンダ]

かわ1 川, 河
a river [ぅリヴァ]

かわ2 皮, 革
leather [レだ] (なめし革)
skin [スキン] (皮ふ, 果物などの)

かわいい→かんどうする

かわいい
cute [キュート]
pretty [プリティ]
lovely [ラヴリ]

かわいい人形
アキュート ダル
a cute doll

何てかわいいの！
ハウ プリティ
How pretty!

本当にかわいい。
イッツ ソウ ラヴリ
It's so lovely.

かわいそうな
poor [プア]

かわいそうなネコ
アプア キャット
a poor cat

かわく1 （ぬれた物などが）
be dry [ドらイ]

あなたのシャツはまだかわいていません。
ユアシャ~ティズ ナッドらイ イェット
Your shirt is not dry yet.

かわく2 （のどが）
be thirsty [さ~スティ]

のどがかわいた。
アイム さ~スティ
I'm thirsty.

かわる1　代わる
take ... place [テイク…プレイス]

代わりにやってくれない？
ウッデュー テイク マイプレイス
Would you take my place?

かわる2　変わる，替わる
change [チェインヂ]

席を替わりましょう。
レッツ チェインヂ スィーツ
Let's change seats.

かん　缶
a can [キャン]

缶切り
キャン オウプナ
can opener

かんがえ　考え
an idea [アイディーア]

かんがえる 考える
think [すィンク]

何を考えているの？
What are you thinking?

カンガルー
a kangaroo [キャンガるー]

かんこく 韓国
South Korea [サウす コリーア]

韓国人　Korean
北朝鮮　North Korea

かんごし 看護師
a nurse [ナ～ス]

かんじ 漢字
kanji [キャンヂ]
a Chinese character
[チャイニーズ キャラクタ]

がんじつ 元日（元旦）
New Year's Day
[ニュー イアズ デイ]

かんじょう 感情
feelings [ふィーリングズ]

かんじる 感じる
feel [ふィール]

痛みを感じる
feel a pain

▶ 感じた　felt [ふェルト]

ゆかがゆれるのを感じた。
I felt the floor shake.

かんそう 感想
a comment [カメント]

かんたんな 簡単な
easy [イーズィ]

簡単だよ。
It's easy.

easy

難しい
hard
difficult

かんどうする 感動する
be moved [ムーヴド]

かの女のスピーチに感動した。
We were moved by her speech.

かんとく
a **manager**［マネヂャ］（野球などの）
a **director**［ディれクタ］（映画の）

かんぱい　乾杯
a **toast**［トウスト］

がんばる
work hard［ワ〜ク　ハード］

はげます時の言葉

そのままがんばって。
Keep trying.

ふんばって。
Hang in there.

ベストをつくして。
Do your best.

明日試験があるんだ。
I have an exam tomorrow.

—がんばって，ユウタ！
　Good luck, Yuta!

ありがとう。がんばるよ。
Thank you. I'll work hard.

き1　木（樹木）
a **tree**［トリー］

葉
リーふ
leaf

サクラ
チェリー　トリー
cherry tree

スギ
ヂャパニーズ　スィーダ
Japanese cedar

マツ
パイン　トリー
pine tree

き2　木（材木）
wood［ウッド］

きいろ(の)　黄色(の)
yellow［イェロウ］

きえる　消える
go out［ゴウ　アウト］（火・明かりなどが）
disappear［ディサピア］（見えなくなる）

▶ 消えた　**went out**［ウェンタウト］
　　　　　disappeared［ディサピアド］

明かりが消えた。
The light went out.

かれは人ごみの中に消えた。
He disappeared into the crowd.

きおく 記おく
(a) memory ［メモリ］

きかい 機械
a machine ［マシーン］

きがえる 着がえる
change ... clothes
［チェインヂ…クロウズ］

着がえなさい。
チェインヂ ユアクロウズ
Change your clothes.

きく1 聞く
listen ［リスン］（注意して）
hear ［ヒア］（聞こえる）

CDを聞く
リスントゥ だスィーディー
listen to the CD

歌を聞く
ヒア ア ソーング
hear a song

きく2 聞く（聞き入れる）
obey ［オベイ］

リーダーの言うことを聞く
オベイ だリーダ
obey the leader

きく3 聞く（たずねる）
ask ［アスク］

かれに学校への行き方を聞く
アスクヒム だウェイ トゥスクール
ask him the way to the school

きく4 《植物》
a chrysanthemum ［クりサンすマム］
= a mum ［マム］

きけん 危険
(a) danger ［デインヂャ］

危険な デインヂャらス
dangerous

きごう 記号
a sign ［サイン］
a symbol ［スィンボル］

きこえる 聞こえる
hear ［ヒア］

聞こえる？
キャンニュー ヒアミー
Can you hear me?

▶ 聞こえた heard ［ハ〜ド］

その音が聞こえた。
アイハ〜 だサウンド
I heard the sound.

きし 岸
a shore ［ショー］（海などの）
a bank ［バンク］（川などの）

きず 傷
a **wound** [ウーンド]

救急箱
きゅうきゅうばこ
ファーストエイド キット
first-aid kit

切り傷
きず
カット
cut

きせき
a **miracle** [ミラクル]

きせつ 季節
a **season** [スィーズン]

春
はる
スプリング
spring

夏
なつ
サマー
summer

秋
あき
フォール
fall
オータム
autumn

冬
ふゆ
ウィンタ
winter

きそく 規則
a **rule** [ゥるール]

きた 北
north [ノーす]

ギター
a **guitar** [ギター]

きたちょうせん 北朝鮮
North Korea [ノーす コりーア]

きたない
dirty [ダ〜ティ]

きれいな
クリーン
clean

dirty

きつい
tight [タイト]

きついセーター
アタイト スウェタ
a tight sweater

tight

ゆるい
ルース
loose

きつつき
a **woodpecker** [ウッドペカ]

トントン
らッタッタット
rat-tat-tat

きって 切手
a **stamp** [スタンプ]

きっと
sure [シュア]

サリーはきっと来るよ。
アイムシュア サリウィル カム
I'm sure Sally will come.

きつね
a **fox** [ふァックス]

きっぷ
a **ticket** [ティケット]

往復きっぷ
おうふく
うラウンドトリップ ティケット
round-trip ticket

片道きっぷ
かたみち
ワンウェイ ティケット
one-way ticket

きにいる　気に入る
like［ライク］
be pleased［プリーズド］

ユウタが気に入った。
I like Yuta.

サリーは贈り物を気に入っている。
Sally is pleased with the gift.

🔊 16

プレゼント気に入ってくれた？
Do you like my gift?

―すごく気に入ってるわ。
　Yes, I like it very much.

よかった。バラが好きと知ってたんだ。
I'm glad to hear that. I know that you like roses.

―うん、大好きよ。
　Yes, I love them.

きにする　気にする
worry［ワ～り］
mind［マインド］

気にしないで。
Don't worry.
Never mind.

きのどく　気の毒
be sorry［サり］
feel sorry［フィール　サり］

お気の毒に。
I feel sorry for you.

🔊 17

階段から落ちたんだ。
I fell down the stairs.

―お気の毒に。だいじょうぶなの？
　Oh, that's too bad. Are you OK?

まだ痛むよ。
Well, it still hurts.

―お大事に。
　Take care.

きねん　記念
memory［メモり］

きのう　昨日
yesterday［イェスタデイ］

きのこ
a mushroom［マッシュるーム］

きびしい
strict［ストリクト］
severe［スィヴィア］

きびしいルール
a strict rule

seventy-one **71**

きぼう　希望
(a) hope ［ホウプ］
a wish ［ウィッシュ］

希望する　hope
　　　　　wish

よくなるといいですね。
I hope you'll get better.

泳げたらなあ。
I wish I could swim.

きまり　決まり
a rule ［ルール］

学校の決まり　school rules

きみ(たち)　君(たち)
☞ あなた(たち)(は)

きめる　決める
decide ［ディサイド］

クラブに入ることを決める
decide to join the club

きもち　気持ち
feelings ［フィーリングズ］

きもの　着物 (和服)
a kimono ［キモウノ］

きゃく1　客 (たずねて来る人)
a guest ［ゲスト］（招待客）
a visitor ［ヴィズィタ］（訪問客）

きゃく2　客
a customer ［カスタマ］（買い物客）
a passenger ［パセンヂャ］（乗客）

比較　「きゃく」の使い分け

きゃくしつじょうむいん
客室乗務員
a flight attendant
［フライト　アテンダント］

キャッチボール
catch ［キャッチ］

キャッチボールをする
play catch

キャプテン
a captain ［キャプテン］

キャベツ
a cabbage ［キャベッヂ］

キャンディー
a candy ［キャンディ］

キャンプ
camp ［キャンプ］

きゅう 九
nine [ナイン]
9番目(の) ninth [ナインス]

きゅうか 休暇
(a) vacation [ヴェイケイション]
holidays [ハリデイズ]

きゅうきゅうしゃ 救急車
an ambulance [アンビュランス]

きゅうきゅうの 救急の
first-aid [ファーストエイド]

きゅうこう 急行
an express train
[イクスプれス トれイン]
= an express [イクスプれス]

きゅうこん 球根
a bulb [バルブ]

きゅうじつ 休日 やすみ

きゅうじゅう(の) 九十(の)
ninety [ナインティ]

きゅうしょく 給食
a school lunch [スクール ランチ]

きゅうに 急に
suddenly [サドンリ]

ぎゅうにく 牛肉
beef [ビーふ]

ぎゅうにゅう 牛乳
milk [ミルク]

きゅうり
a cucumber [キューカンバ]

きょう 今日
today [トゥデイ]

きょういく 教育
education [エヂュケイション]

きょうかい 教会
a church [チャ〜チ]

きょうかしょ 教科書
a textbook [テクストブック]

ぎょうぎ 行儀
manners [マナズ]
行儀がよい
have good manners

ぎょうじ 行事
an event [イヴェント]

きょうしつ 教室
a classroom [クラスるーム]

きょうそう 競走
a race [うれイス]

きょうだい　兄弟

a **sister** [スィスタ] (女の)
a **brother** [ブらだ] (男の)

兄弟はいるの？
Do you have any brothers or sisters?

―いいえ、ひとりっ子よ。あなたは？
No, I'm the only child. Do you?

ぼくは弟がひとりいるんだ。
Yes, I have one younger brother.

きょうとうせんせい　教頭先生
a **vice-principal** [ヴァイスプリンスィパル]

きょねん　去年
last year [ラスト　イア]

きらい
don't like [ドゥント　ライク] (好きではない)

hate [ヘイト] (とてもきらい)

算数が好きではない。
I don't like math.

クモが大きらいだ。
I hate spiders.

きょうみがある　興味がある
be **interested** [インタれステッド]

インターネットに興味がある。
I'm interested in the Internet.

きょうりゅう
a **dinosaur** [ダイノソー]

ティラノサウルス
tyrannosaurus
トリケラトプス
triceratops
ステゴサウルス
stegosaurus

きりぎりす
a **grasshopper** [グらスハパ]

きりん
a **giraffe** [ヂらふ]

きる1　切る
turn off [ターン　オーふ] (スイッチを)
cut [カット] (刃物で)
slice [スライス] (刃物でうすく)
hang up [ハング　アップ] (電話を)

電源を切る
turn off the power

リンゴを切る
cut the apple

タマネギをうすく切る
slice the onion

(電話を)もうきらないと。
I've got to hang up now.

きる2　着る
put on [プット　アン]
wear [ウェア]

Tシャツを着なさい。
ブッテン　ユアティーシャ〜ト
Put on your T-shirt.

短パンをはくのが好きだ。
アイライク　トゥウェア　ショーツ
I like to wear shorts.

きれ
(a) **cloth** [クローす]

きれいな
pretty [プリティ]（かわいい）
beautiful [ビューティふル]（美しい）
clean [クリーン]（清潔な）

きれいなドレス
アプリティ　ドれス
a pretty dress

きれいな花
アビューティふル　ふラウア
a beautiful flower

きれいな部屋
アクリーン　うルーム
a clean room

clean

きたない
ダーティ
dirty

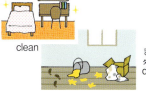

きろく　記録
(a) **record** [うレコード]

新記録を作る
セッタ　ニュー　うれコード
set a new record

キログラム
a **kilogram** [キログラム]
= kg

キロメートル
a **kilometer** [キラメタ]
= km

きをつける　気をつける
be careful [ケアふル]
watch out [ワッチ　アウト]
take care [テイク　ケア]

車に気をつけなさい。
ビーケアふロヴ　カーズ
Be careful of cars.

気をつけて！
ワッチャウト
Watch out!

足元に気をつけて。
ワッチュア　ステップ
Watch your step.

言葉づかいに気をつけなさい。
ワッチュア　タン
Watch your tongue.

体に気をつけて。
テイク　ケアヴ　ユアセルふ
Take care of yourself.

きん 金
gold［ゴウルド］

金メダル　gold medal

ぎん 銀
silver［スィルヴァ］

銀メダル　silver medal

ぎんが 銀河
the Milky Way［だミルキ　ウェイ］

きんがんの 近眼の
nearsighted［ニアサイテッド］

きんぎょ 金魚
a goldfish［ゴウルドふィッシュ］

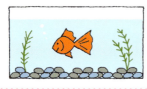

きんこ 金庫
a safe［セイふ］

ぎんこう 銀行
a bank［バンク］

きんじょ 近所
the neighborhood［だネイバフッド］

きんぞく 金属
(a) metal［メトル］

きんちょうする ☞ あがる 2

きんにく 筋肉
(a) muscle［マスル］

きんようび 金曜日
Friday［ふライディ］

く　九　☞ きゅう

くいしんぼう 食いしんぼう
a glutton［グラトン］
a big eater［ビッグ　イータ］

クイズ
a quiz［クウィズ］

くうき 空気
air［エア］

くうこう 空港
an airport［エアポート］

成田空港　Narita Airport

クーラー（エアコン）
an air conditioner
［エア　コンディショナ］

くがつ 九月
September［セプテンバ］

くき
a stem［ステム］

くぎ
a nail［ネイル］

くさ　草
a **weed**［ウィード］（雑草）
grass［グラス］（牧草になるもの）

くさい
smell bad［スメル　バッド］
stink［スティンク］

その卵はくさい。
The egg smells bad.

くさり
a **chain**［チェイン］

くさる
go bad［ゴウ　バッド］
rot［ゥラット］

くさった　rotten
魚はくさりやすい。
Fish goes bad easily.

くさった卵
a rotten egg

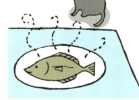

くし
a **comb**［コウム］

くしでとかす　comb

くじ
a **lot**［ラット］（くじ引き）
a **drawing**［ドローイング］（くじ引き）
a **lottery**［ラタリ］

宝くじ　public lottery

くじゃく
a **peacock**［ピーカック］

くしゃみ
a **sneeze**［スニーズ］

くしゃみをする　sneeze

ハクション！
Ahchoo!
——お大事に！
Bless you!

ありがとう。
Thank you.

くじら
a **whale**［ウェイル］

くすぐる
tickle［ティクル］

くすぐらないで！
Stop tickling me!

seventy-seven 77

くすり→くもり

くすり 薬（飲み薬）
(a) **medicine** [メディスン]

ばんそうこう プラスティック バンデッヂ
plastic bandage

包帯 バンデッヂ
bandage

体温計 サマメタ
thermometer

薬局 ドラッグストー
drugstore

ふぁーまスィ
pharmacy

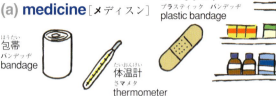

くせ
(a) **habit** [ハビット]

悪いくせ アバッド ハビット
a bad habit

ください （いただきたい）
please [プリーズ]

オレンジジュースをひとつください。
ワンノーれんヂ チュース プリーズ
One orange juice, please.

くだもの 果物
(a) **fruit** [ふるーツ]

オレンジ オーれんヂ orange
バナナ バナナ banana
洋ナシ ペア pear
モモ ピーチ peach
レモン レモン lemon
キーウィフルーツ キーウィー ふるーツ kiwi fruit
イチゴ ストロベリ strawberry
イチジク ふィッグ fig
サクランボ チェリ cherry
リンゴ アプル apple
スイカ ウォータメロン watermelon

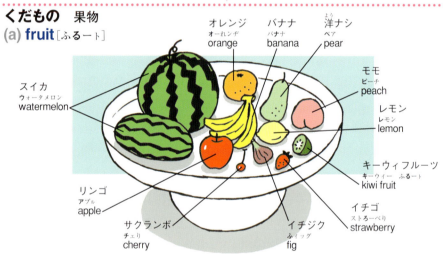

くち 口
a **mouth** [マウす]

くちばし
a **bill** [ビル]

● くちばし（ワシなどの曲がった） ビーク beak

bill

beak

くちびる
a **lip** [リップ] （上か下の）

● くちびる リップス lips

くちぶえ 口笛
a **whistle** [ウィスル]

口笛をふく ウィスル whistle

くつ
a **shoe** [シュー]
a **boot** [ブート]（長ぐつ）

（1足の）ブーツ
ブーツ
boots

（1足の）くつ
シューズ
shoes

くつひも
シューレイス
shoelace

くつ屋（店）
シュー ストー
shoe store

クッキー
a **cookie** [クキ]

くつした　くつ下
a **sock** [サック]（短いくつ下）
a **stocking** [スタキング]（長いくつ下）

（1足の）短いくつ下
サックス
socks

（1足の）長いくつ下
スタキングズ
stockings

くに　国
a **country** [カントリ]
a **nation** [ネイション]

首都　　キャピトル
　　　　capital

くばる　配る
hand out [ハンド　アウト]

本を配る
ハン ダ ブックス アウト
hand the books out

くび　首
a **neck** [ネック]

くま
a **bear** [ベア]

グリズリ ベア
grizzly bear
シロクマ
ポウラ ベア
polar bear

くまで　くま手
a **rake** [ゥれイク]

くみ　組（クラス）
a **class** [クラス]

くも1　《虫》
a **spider** [スパイダ]

くも2　雲
a **cloud** [クラウド]

くもり
cloudy [クラウディ]

今日はくもっている。
イッツ クラウディ トゥデイ
It's cloudy today.

くやしい→くる

くやしい
disappointing [ディサポインティング]

くらい1　暗い
dark [ダーク]

暗い場所
a dark place

くらい2　暗い（気分が）
gloomy [グルーミ]

気分が暗い。
I feel gloomy.

クラブ
a club [クラブ]

クラブ活動　club activity

くらい3　…くらい
about [アバウト]
or so [オー ソウ]

1時間くらい
about one hour

10人くらい
about ten people
ten people or so

グライダー
a glider [グライダ]

グラウンド
a playground [プレイグらウンド]

くらげ
a jellyfish [ヂェリふィッシュ]

クラス
a class [クラス]

グラタン
(a) gratin [グらトン]

クラッカー
a cracker [クらカ]

何のクラブに入っているの？
What club are you in?
—美術クラブよ。
　I'm in the art club.

メンバーは何人いるの？
How many members are there?
—20人くらい。
　About twenty.

グラフ
a **graph**［グらふ］

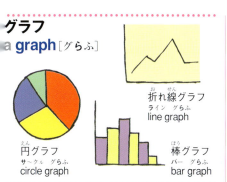

折れ線グラフ line graph
円グラフ circle graph
棒グラフ bar graph

グラム
a **gram**［グらム］
= g

クラリネット
a **clarinet**［クラりネット］

くり
a **chestnut**［チェスナット］

クリーニング
a **dry cleaner**［ドらイ クリーナ］
= a **cleaner**［クリーナ］

クリーニング店 cleaner's

クリーム
cream［クリーム］

クリスマス
Christmas［クリスマス］

クリスマスカード Christmas card
サンタクロース Santa Claus
クリスマスツリー Christmas tree
クリスマスプレゼント Christmas present

くる 来る
come［カム］（やって来る）
arrive［アらイヴ］（着く）

こっちに来なさい。
Come over here.

時間通りに来る
arrive on time

来た **came**［ケイム］
サリーは学校におくれて来た。
Sally came late to school.

グループ
a **group** [グるープ]

くるしい 苦しい
hard [ハード]

苦しい仕事
a hard job

くるま 車 (自動車)
a **car** [カー]

車輪 wheel
乗り物 vehicle

グレープフルーツ
a **grapefruit** [グレイプふるート]

クレヨン
a **crayon** [クレイオン]

くれる
give [ギヴ]

私にくれる？
Will you give it to me?

▶ くれた **gave** [ゲイヴ]

かれはぼくにこのペンをくれた。
He gave me this pen.

くろ 黒, 黒い
black [ブラック]

くろう 苦労
(a) **trouble** [トラブル] (面倒)
(a) **difficulty** [ディふィカルティ] (困難)

ご苦労様でした。
Thank you for your trouble.

ここに来るのに苦労しました。
I had difficulty in getting here.

グローブ
a **glove** [グラヴ]

クロスワード(パズル)
a **crossword puzzle**
[クロースワード パズル]
= a **crossword** [クロースワード]

くわがたむし くわがた虫
a **stag beetle** [スタッグ ビートル]

くん …君
やあ，ユウタ君。
Hi, Yuta.

―こんにちは，ポールさん。
Hi, Paul.

アメリカやイギリスでは親しい人の名前や，時には年上の人の名前も「君」「さん」をつけずに，ファーストネームで呼ぶ。

け 毛
hair［ヘア］

けいかく 計画
a **plan**［プラン］

計画する plan

パーティーの計画をする
plan a party

けいかん 警官
a **police officer**［ポリース　オーふィサ］

けいけん 経験
(an) **experience**［イクスピリエンス］

けいこ
a **lesson**［レスン］

練習する practice

そろばん abacus

水泳 swimming

習字 calligraphy

ピアノ piano

けいざい 経済
economy［イカノミ］

けいさつ 警察
the police［だポリース］

警察官 police officer
警察署 police station

けいさん 計算
calculation［キャルキュレイション］

けいじ1 刑事
a **police detective**
［ポリース　ディテクティヴ］
= a **detective**［ディテクティヴ］

けいじ2 掲示
a **notice**［ノウティス］
a **bulletin**［ブレティン］

掲示板 bulletin board

げいじゅつ 芸術
art［アート］

芸術家 artist

けいと→けっこん

けいと　毛糸
woolen yarn［ウルン　ヤーン］

毛糸の　woolen

毛糸の手ぶくろ
woolen gloves

ケーキ
cake［ケイク］

ゲーム
a game［ゲイム］

ケース　（入れ物）
a case［ケイス］

けが
(a) hurt［ハ〜ト］（傷）
(an) injury［インヂャリ］（事故などの）

けがをする　get hurt

けがをしたの？
Did you get hurt?

痛い　hurt

やけど　burn

切り傷　cut

こぶ　lump
ねんざ　sprain

げき　劇
a play［プレイ］
(a) drama［ドラマ］

けさ　今朝
this morning［ディス　モーニング］

けしき　景色
scenery［スィーナリ］
a view［ヴュー］

けしゴム　消しゴム
an eraser［イレイサ］

けしょう　化粧
makeup［メイカップ］

けす1　消す（見えなくする）
put out［プット　アウト］（火を）
disappear［ディサピア］（姿を）

火を消す
put out the fire

町から姿を消す
disappear from the town

けす2 消す
turn off [ターン オーふ]（スイッチを）
erase [イれイス]（字などを）
cross out [クろース アウト]（線を引いて）

電気を消す
turn off the light

答えを消す
erase the answer

単語を消す
cross out the word

turn off

つける（スイッチを）
turn on

けずる
sharpen [シャープン]

鉛筆けずりで鉛筆をけずる
sharpen the pencil with a pencil sharpener

げた
geta [ゲタ]
a Japanese clog [ヂャパニーズ クラッグ]

（1足の）げた
Japanese clogs

けちな
stingy [スティンヂ]

ケチャップ
ketchup [ケチャップ]
= catsup [ケチャップ]

けつえき 血液
blood [ブラッド]

けつえきがた 血液型
a blood type [ブラッド タイプ]

けっか 結果
(a) result [うりザルト]
(an) effect [イふェクト]

けっこん 結婚
(a) marriage [マりッヂ]

結婚する marry
結婚式 wedding
結婚してくれませんか？
Will you marry me?

花よめ bride
花むこ bridegroom

けっせき　欠席
absence [アブセンス]

欠席する　(be) absent
欠席届　absence report
サリーとユウタは学校を欠席している。
Sally and Yuta are absent from school.

げっぷ
a **belch** [ベルチ]
a **burp** [バ〜プ]

げつようび　月曜日
Monday [マンディ]

ケニア
Kenya [ケニャ]

ケニア人　Kenyan

けむり
smoke [スモウク]

けんか
a **fight** [ファイト]（なぐり合い）
a **quarrel** [クウォーれル]（口げんか）

けんかする（なぐり合いの）　fight
けんかする（口げんか）　quarrel

けんかするのをやめなさい！
Stop fighting!

友だちとけんかする
quarrel with a friend

けもの
a **beast** [ビースト]

ける
kick [キック]

ボールをける
kick the ball

けわしい　険しい
steep [スティープ]

げんいん　原因
(a) **cause** [コーズ]

原因と結果
cause and effect

けんがくする 見学する
go on a field trip ［ゴウ　アンナ　ふィールド　トリップ］
visit ［ヴィズィット］

こうじょう けんがく
工場を見学する
コウアンナ ふィールドトリップ トゥアファクトリ
go on a field trip to a factory

はくぶつかん けんがく
博物館を見学する
ヴィズィッタ ミューズィーアム ふォスタディ
visit a museum for study

げんかん 玄関
the front door ［だふらント　ドー］

げんきな 元気な
fine ［ふァイン］
well ［ウェル］

げんき
元気ですか？
ハウアーユー
How are you?

げんき
―元気です。あなたは？
ふァイン さンキュー アンデュー
Fine, thank you. And you?

げんき
元気(にやってる)？
ハウアーユー ドゥーイング
How are you doing?

げんき
―うん, 元気だよ。
ヴェリ ウェル さンクス
Very well, thanks.

けんきゅう 研究
a study ［スタディ］

けんきゅう スタディ
研究する　study

けんこう 健康
health ［ヘルす］

けんこう ヘルすィ
健康な　healthy
けんこうしんだん ふィズィカル チェカップ
健康診断　physical checkup

げんし 原子
an atom ［アトム］

げんしばくだん アタミック バム
原子爆弾　atomic bomb

けんだま けん玉
a cup and ball ［カップ　アンボール］

けんどう 剣道
kendo ［ケンドウ］

けんどう
剣道のけいこをする
プらクティス ケンドウ
practice kendo

けんびきょう けんび鏡
a microscope ［マイクろスコウプ］

こ→こうちょうせんせい

こ 子
a **child**［チャイルド］

ご1 五
five［ふァイヴ］

5番目(の) fifth
5年生 fifth grader

ご2 碁
go［ゴウ］

コアラ
a **koala**［コウアーラ］
= a **koala bear**［コウアーラ ベア］

こい1 濃い
strong［ストローング］(お茶などが)
dark［ダーク］(色が)

濃いお茶
ストローング ティー
strong tea

濃い茶色
ダーク ブラウン
dark brown

dark

strong

うすい(お茶などが)
ウィーク
weak

うすい(色が)
ライト
light
ペイル
pale

こい2 恋
love［ラヴ］

恋する love
ユウタの初恋
Yuta's first love

こい3 《魚》
a **carp**［カープ］

こいし 小石
a **small stone**［スモール ストウン］
a **pebble**［ペブル］

こいのぼり
a **carp streamer**
［カープ ストリーマ］

コイン
a **coin**［コイン］

こうえん 公園
a **park**［パーク］

ブランコ
スウィング
swing

ジャングルジム
チャングル ジム
jungle gym

すべり台
スライド
slide

花だん
フラウア ベッド
flower bed

シーソー
スィーソー
seesaw

こうか 校歌
a **school song** [スクール ソーング]

こうかい 後かい
regret [ぅリグれット]
後かいする　regret
　　　　　（be）sorry

ごうかくする 合格する
pass [パス]
試験に合格する
pass the exam

こうかん 交かん
(an) **exchange** [イクスチェインヂ]
交かんする　exchange

ごうけい 合計
the **sum** [ダサム]
a **total** [トウトル]

こうこう 高校
a **senior high school**
[スィーニア ハイ スクール]
= a **high school** [ハイ スクール]

こうさく 工作
a **handicraft** [ハンディクらフト]

こうじ 工事
construction [コンストらクション]

こうしゃ 校舎
a **school building**
[スクール ビルディング]

こうじょう 工場
a **factory** [ふァクトリ]

こうそくどうろ 高速道路
an **expressway** [イクスプれスウェイ]
a **freeway** [ふりーウェイ]

こうたいする 交代する
take turns [テイク タ〜ンズ]
take ... place [テイク…プレイス]
遊ぶ時は交代でやりなさい。
Take turns when you play.

ユウタが私と交代する。
Yuta takes my place.

こうちゃ 紅茶
tea [ティー]
black tea [ブラック ティー] （緑茶と区別して）

こうちょうせんせい 校長先生
a **principal** [プリンスィパル]

こうつう　交通
traffic［トらふィック］（人や車の往来）
transportation［トゥランスポーテイション］（輸送）

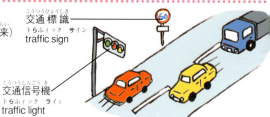

交通標識
トらふィック　サイン
traffic sign

交通信号機
トらふィック　ライト
traffic light

こうてい　校庭
a playground［プレイグらウンド］

こうどう　行動
(an) action［アクション］

こうどう　アクト
行動する　act

こうはん　後半
the second half of
［ざ　セカンド　ハふォヴ］

こうばん　交番
a police box［ポリース　バックス］

こうふく　幸福
happiness［ハピネス］

こうふく　ハピ
幸福な　happy

こうふんする　興奮する
get excited［ゲット　イクサイテッド］
be excited［イクサイテッド］

こうふん
興奮しないで。
ドウント　ゲット　イクサイテッド
Don't get excited.

その知らせを聞いて興奮した。
アイワズ　イクサイテッド　アッざニューズ
I was excited at the news.

こうもん　校門
a school gate［スクール　ゲイト］

ごうれい　号令
an order［オーダ］

こえ　声（人の）
a voice［ヴォイス］

おお　こえ　はな
大きな声で話す
スピーキンナ　ラウド　ヴォイス
speak in a loud voice

コート1　（オーバーなど）
a coat［コウト］

コート2　（テニスなどの）
a court［コート］

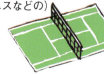

コード　（電気の）
a cord［コード］

コーヒー
coffee［コーふィ］

コーラ
cola [コウラ]

こおり 氷
ice [アイス]

こおる
freeze [ふりーず]

水は0℃でこおる。
ウォーター ふりーズィズ アットズィアろウ ディグリーズ
センティグれイド
Water freezes at 0℃.

ゴール
a finish [フィニッシュ]
a goal [ゴウル]

ゴールキーパー
ゴウル キーパ
goal keeper

こおろぎ
a cricket [クリケット]

コーンフレーク
cornflakes [コーンフれイクス]

ごがつ 五月
May [メイ]

ごきぶり
a cockroach [カックろウチ]

こぐ
row [ろウ]

ボートをこぐ
ろウア ボウト
row a boat

こくご 国語（日本語）
Japanese [ヂャパニーズ]
Japanese language
[ヂャパニーズ ラングウェッヂ]

国語の時間　ヂャパニーズ クラス
Japanese class

こくさいてきな 国際的な
international [インタナショヌル]
global [グロウバル]

国際電話　インタナショヌル コール
international call

英語は国際的な言葉だ。
イングリッシィズ アンインタナショヌル ラングウェッヂ
English is an international language.

こくばん 黒板
a blackboard [ブラックボード]

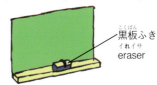
黒板ふき
イれイサ
eraser

こくみん 国民（ひとりの）
a citizen [スィティズン]

地球市民　グロウバル スィティズン
global citizen

ここ→こと

ここ
here [ヒア]

ここへ来なさい。
Come here.

ごご 午後
afternoon [アフタヌーン]

こしょう1 故障
trouble [トラブル]

エンジンの故障　engine trouble
故障中　out of order

こしょう2 《調味料》
pepper [ペパ]

こじん 個人
an individual [インディヴィデュアル]

コスモス
a cosmos [カズモス]

こする
rub [ゥラッブ]

目をこすってはいけません。
Don't rub your eyes.

ココア
cocoa [コウコウ]
hot chocolate [ハット　チャコレット]

ここのつ(の)　九つ(の)
nine [ナイン]

こころ 心
heart [ハート] (気持ち)
mind [マインド] (考え)

こし 腰 (腰のくびれた部分)
waist [ウェイスト]

ごじゅう(の)　五十(の)
fifty [ふィふティ]

エレベーターは故障している。
The elevator is not working.

ごぜん 午前
morning [モーニング]

こたえ 答え
an answer [アンサ]

こたえる 答える
answer [アンサ]

質問に答える
answer the question
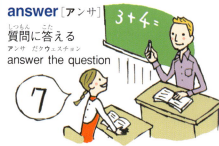

ごちそう
a dinner［ディナ］

🔊21

ごちそうができましたよ。みなさん，席に着いて。
Dinner is ready. Sit down, everybody.

―ユウタ，スープはどうだい？熱すぎないかい？
Yuta, how is the soup? Isn't it too hot for you?

―いいえ，だいじょうぶです，グリーンさん。
No, it's fine, Mr. Green.

とてもおいしかったです。
The dinner was delicious.

よかったわ。
I'm glad you liked it.

ごちそうさま
Thank you for the dinner.
［サンキュー　ふォだディナ］

ごちそうさま，ママ。
アイム　フィニッシュト　マム
I'm finished, Mom.

英語には「ごちそうさま」「いただきます」にあたる決まった言い方はない。

こちら
here［ヒア］（場所）
this way［でィス　ウェイ］（方角）

こっか　国家
a nation［ネイション］

こっか　ナショヌル　アンせム
国歌　national anthem
こっき　ナショヌル　ふラッグ
国旗　national flag
こっか　ナショヌル　ふラウア
国花　national flower
こくちょう　ナショヌル　バ～ド
国鳥　national bird

こづかい
pocket money［パケット　マニ］

コック
a cook［クック］

こっち　☞こちら

コップ　（ガラスの）
a glass［グラス］

こと1　事
thing［すィング］
that ...［だット］（…ということ）

やることがたくさんある。
アイハヴ　ラッツォヴ　すィングズ　トゥドゥー
I have lots of things to do.

あなたがユウタを好きだということを知ってるわ。
アイノウだット　ユーライク　ユータ
I know that you like Yuta.

こと→ごみ

こと2 《楽器》
a koto［コウトウ］
a Japanese harp［ヂャパニーズ ハープ］

ことし 今年
this year［でィス イア］

ことば 言葉
(a) language［ラングウェッヂ］（言語）
a word［ワ〜ド］（単語）

英語	English
スペイン語	Spanish
中国語	Chinese
フランス語	French
スワヒリ語	Swahili

こども 子ども
a child［チャイルド］
a kid［キッド］

●子ども（2人以上） children

子どもの日 Children's Day

ことり 小鳥
a bird［バ〜ド］

ことわざ
a proverb［プらヴァ〜ブ］

アメリカのことわざ
困った時の友こそ真の友。
A friend in need is a friend indeed.

ことわる 断る（拒絶する）
refuse［うりふューズ］
申し出を断る
refuse the request

断る時の言葉

いいえ，結構です。
No, thank you.

すみません。もう行かなくては。
I'm sorry. I have to go now.

だめ！
No way!

いや！
No!

こな 粉
powder［パウダ］

この
this［でィス］（ひとつのもの）

●この（2つ以上のもの） these

この赤ちゃん
this baby

この赤ちゃんたち
these babies

ごはん (食事)
a meal [ミール]

- ごはん(米) boiled rice
  cooked rice
- ごはんをたく cook rice
- ごはんを食べる have a meal

朝食 breakfast
昼食 lunch
夕食 dinner

こぼす
spill [スピル]

牛乳をこぼさないでね。
Don't spill your milk.

こま
a top [タップ]

コマを回す
spin a top

ごま
sesame [セサミ]

こまかい 細かい (小さな)
☞ ちいさい

こまる 困る
be in trouble [イントラブル]

ああ、困ったな。
Oh, I'm in trouble.

ごみ
trash [トラッシュ]
garbage [ガーベッヂ] (台所の)
litter [リタ] (町・公園などの)

ごみ箱 trash can
garbage can

garbage
trash
litter

こむ→こんちゅう

こむ
be crowded [クらウデッド]

このバスはこんでいる。
The bus is crowded.

ゴム
rubber [ラバ]

こめ 米
rice [らイス]

ごめんなさい
I'm sorry. [アイム サリ]
☞ あやまる

こや 小屋
a hut [ハット]

ゴリラ
a gorilla [ゴリラ]

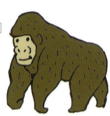

ゴルフ
golf [ガるふ]

これ
this [ディス] (ひとつのもの)

●これ (2つ以上のもの) these

これはぼくのコインです。
This is my coin.

これは君のコインです。
These are your coins.

ころがす 転がす
roll [ろウる]

転がる roll

ボールを転がして。
Roll the ball.

転がれ。
Roll over.

ころす 殺す
kill［キル］
蚊を殺す
kill the mosquito

コロッケ
a **croquette**［クロウケット］

ころぶ 転ぶ
fall［フォール］
fall down［フォール ダウン］
走らないで。転ぶよ。
Don't run. You'll fall down.

こわい
scary［スケアり］

こわす
break［ブれイク］
花びんをこわさないで。
Don't break the vase.

▶ こわした **broke**［ブロウク］
だれが時計をこわしたんですか。
Who broke the clock?

こわれる
break［ブれイク］
be broken［ブロウクン］
おもちゃがこわれた。
The toy is broken.

コンクール
a **contest**［カンテスト］

こんげつ 今月
this month［ディス マンす］

こんしゅう 今週
this week［ディス ウィーク］

コンタクトレンズ
a **contact lens**［カンタクト レンズ］
コンタクトレンズをする
wear contact lenses

こんちゅう こん虫
an **insect**［インセクト］
a **bug**［バッグ］

こんど　今度
now［ナウ］

今度は私の番よ。
Now it's my turn.

今回　this time
次回　next time

こんな
such［サッチ］
this［ディス］

こんな大きいヘビだったんだ。
It was such a big snake.

こんなに大きかったんだ。
It was this big.

こんにちは
Good afternoon.［グッド アふタヌーン］（午後のあいさつ）
Hello.［ヘロウ］（一日中使えるあいさつ）

おはよう。　Good morning.

コンパス
compasses［カンパスィズ］
= **a pair of compasses**
［ペアロヴ カンパスィズ］

コンビニエンスストア　（コンビニ）
a convenience store
［コンヴィーニャンス ストー］

こんばんは
Good evening.［グッド イーヴニング］

コンピュータ
a computer［コンピュータ］

コンピュータゲームをする
play a computer game

インターネット　the Internet

eメール　e-mail

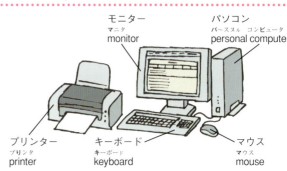

モニター　monitor
パソコン　personal computer
プリンター　printer
キーボード　keyboard
マウス　mouse

こんぶ
kelp［ケルプ］

こんや　今夜
tonight［トゥナイト］
this evening［ディス イーヴニング］

さあ
Now. [ナウ]

さあ，あなたの番です。
Now, it's your turn.

サーカス
a circus [サ～カス]

さい1 …歳
... year(s) old [イア(ズ) オウルド]

さい2 《動物》
a rhinoceros [ぅらイナセロス]
= a rhino [ぅらイノウ]

さいきん 最近
recently [ぅりースントリ]
lately [レイトリ]

サイクリング
cycling [サイクリング]

さいご(の)　最後(の)
(the) last [ラスト]

そして最後はユウタ。
Last but not least, Yuta.
順番が最後になってしまった人に，最後だけれど忘れていなかったという意味をこめて言う。

さいこう(の)　最高(の)
(the) best [ベスト] (もっともよい)
great [グれイト] (すばらしい)
super [スーパ] (飛びぬけて)

それは最高の映画だった。
That was the best movie.

あなたは最高！
You are great!

最高！
Super!

さいころ
dice [ダイス]
= a die [ダイ]

さいころをふる
roll the dice

さいじつ　祭日　☞ しゅくじつ

さいしょ(の)→さく

さいしょ(の)　最初(の)
(the) first [ふァ～スト]

サイダー
pop [パップ]
soda pop [ソウダ　パップ]

さいのう　才能
ability [アビリティ]（…できる）
talent [タレント]（生まれながらの）

タレントショー　Talent Show
学校で，生徒が得意な歌やおどりを披露する行事。

さいふ　財布
a wallet [ワレット]

wallet

小銭入れ
パース
purse

サイン　（合図）
a sign [サイン]

（名前を）サインする

sign
手紙にサインする
sign the letter
サイン（手紙などの）
signature

サインをいただけますか？
May I have your autograph?

サイン（有名人の）
autograph

サウジアラビア
Saudi Arabia [サウディ　アれイビア]

サウジアラビア人　Saudi

さえ　…さえ
even [イーヴン]

私でさえできるわ。
Even I can do it.

さお
a pole [ポウル]（棒，柱）
a rod [うラッド]（細い棒，つりざお）

さか　坂
a slope [スロウプ]

さがす
look for [ルック　ふォ]

バッグをさがしているところです。
I'm looking for my bag.

さかだち　逆立ち
a handstand [ハンドスタンド]

逆立ちをする
do a handstand
stand on my hands

さかな 魚

(a) fish [フィッシュ]

魚屋（店） fish shop

魚つりに行く go fishing

shrimp エビ／シュリンプ

tuna マグロ／テューナ

octopus タコ／アクトパス

salmon サケ／サモン

mackerel サバ／マクれル

yellowtail ブリ／イェロウテイル

flatfish ヒラメ，カレイ／ふラットふィッシュ

sea bream タイ／スィー ブリーム

squid イカ／スクィッド

さがる1　下がる（低くなる）
go down [ゴウ　ダウン]

値段は下がるでしょう。
The price will go down.

さがる2　下がる（ぶら下がる）
hang [ハング]

明かりが天井からぶら下がっている。
The light is hanging from the ceiling.

比較「さがる」の使い分け

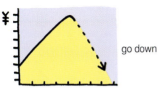
go down

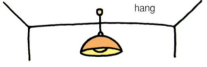
hang

さきに　先に
first [ふァ～スト]（第一に）
ahead [アヘッド]（より前へ）

ぼくが先に行くよ。
I'll go first.

ユウタ，お先にどうぞ。
Go ahead, Yuta.

―ううん，サリー。お先にどうぞ。
No, Sally. After you.

そう，ありがとう。
Well, thanks.

さく1　咲く
bloom [ブルーム]
come out [カム　アウト]

チューリップが咲いています。
Tulips are blooming.

たくさんのバラが年に2回咲きます。
Many roses come out twice a year.

さく→さつ

さく2 (囲い)
a **fence** [フェンス]

さくしゃ 作者（著者）
a **writer** [ゥらイタ]
an **author** [オーさ]

さくひん 作品
a **work** [ワ〜ク]

さくぶん 作文
a **composition** [カンポズィション]

作文を書く
write a composition

さけぶ
cry [クらイ]（泣きさけぶ）
shout [シャウト]（大声で）

助けを求めてさけぶ
cry for help

さげる1 下げる（低くする）
lower [ロウア]

値段を下げる
lower the price

さげる2 下げる（かける）
hang [ハング]

カーテンを下げる
hang curtains

さくら 桜
cherry blossoms [チェリ ブラッサムズ]

サクランボ
cherry

サクラの木
cherry tree

さけ1 酒
liquor [リカ]（ウイスキーなど）
sake [サーキ]（日本酒）

さけ2 《魚》
a **salmon** [サモン]

イヌに向かって大声でさけぶ
shout at the dog

比較 「さげる」の使い分け

lower

hang

ささやく
whisper [ウィスパ]

ユウタにささやく
whisper to Yuta

さしみ
sliced raw fish
［スライスト うろー ふぃっしゅ］

さす1　（つきさす）
prick［プリック］

▶ さした　**pricked**［プリックト］

針で指をさしてしまった。
I pricked my finger with a needle.

さす2　（虫などが）
sting［スティング］（ハチなどが）
bite［バイト］（蚊が）

ハチにさされる
get stung by a bee

蚊にさされる
(be) bitten by a mosquito

比較　「さす」の使い分け

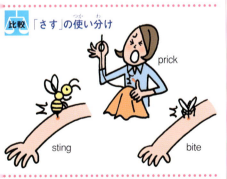

prick / sting / bite

さす3　指す（指し示す）
point［ポイント］

単語を指す
point out the word

させる1　させる（意志に関係なく）
make［メイク］

▶ させた　**made**［メイド］

ニュースを聞いて悲しくなった。
The news made me sad.

させる2　させる（望むように）
let［レット］

私にやらせて。
Let me try it.

さそう　（招待する）
invite［インヴァイト］
ask［アスク］

さそってくれてありがとう。
Thank you for inviting me.

サリーを夕食にさそいましょう。
Let's ask Sally to dinner.

さつ　札
a bill［ビル］

コイン　coin

サッカー→さんかする

サッカー
soccer［サカ］

サッカーをする
プレイ サカ
play soccer

（イギリスではfootball）
フットボール

さっき
a little while ago
［アリトル　ワイル　アゴウ］

さっきユウタを見たよ。
アイソー ユータァ リトル ワイル アゴウ
I saw Yuta a little while ago.

ざっし　雑誌
a magazine［マガズィーン］

さつまいも
a sweet potato
［スウィート　ポテイトウ］

さといも
a taro［ターろウ］

さとう　砂糖
sugar［シュガ］

さばく　砂ばく
a desert［デザト］

さびしい
lonely［ロウンリ］

ざぶとん
a cushion［クション］

さぼてん
a cactus［カクタス］

さむい　寒い
cold［コウルド］
chilly［チリ］

今日は寒いね。
イッツコウル トゥデイ
It's cold today.

cold

暑い
ハット
hot

さむけ　寒気
a chill［チル］

寒気がする。
アイハヴァ チル
I have a chill.

さめ
a shark［シャーク］

さようなら
Goodbye.［グッドバイ］
Bye.［バイ］

バイバイ。　Bye-bye.
バイバイ

またね。　See you.
スィーユー

おやすみなさい。（夜に別れる時）
グッド ナイト
Good night.

またお会いしましょう。
アイルビー スィーイングユー
I'll be seeing you.

さら　皿（深皿, 盛り皿）
a dish［ディッシュ］

平皿, とり皿
plate
受け皿
saucer
dish

サラダ
(a) salad［サラッド］

ざりがに
a crayfish［クレイふィッシュ］

さる
a monkey［マンキ］

さわぐ
be noisy［ノイズィ］
make noise［メイク　ノイズ］

そんなにさわいではいけません。
Don't be so noisy.
Don't make so much noise.

さわる
touch［タッチ］

これにさわってはだめです。
Don't touch this.

さわるべからず。　Keep your hands off.

さん1　…さん
Ms.［ミズ］（女性の姓名の前につける）
Mr.［ミスタ］（男性の姓名の前につける）

佐藤さんと田中さん
Ms. Sato and Mr. Tanaka

女性にはこのほかに，Mrs.（結婚している女性）とMiss.（結婚していない女性）の言い方もある。

さん2　三
three［すりー］

3番目(の)　third
3年生　third grader

さんかく　三角（三角形）
a triangle［トライアングル］

三角定規
triangle

さんかする　参加する
join［ヂョイン］
take part in［テイク　パーティン］

さあさあ，参加して！
Come on and join us!

▶ 参加した　took part in
［トゥック　パーティン］

キャンプに参加した。
We took part in the camp.

さんがつ→ジーンズ

さんがつ 三月
March［マーチ］

さんじゅう(の) 三十(の)
thirty［さ～ティ］

さんしょくすみれ 三色すみれ
a pansy［パンズィ］

さんすう 算数
math［マす］
arithmetic［アりすメティック］

さんせい 賛成
(an) agreement［アグリーメント］

賛成する　agree
賛成です。
I agree.

サンタクロース
Santa Claus［サンタ　クローズ］

サンダル
a sandal［サンドル］

サンデー (菓子)
a sundae［サンデイ］

サンドイッチ
a sandwich［サンウィッチ］

ハムサンド
ham sandwich

ざんねん 残念
be sorry［サり］

残念だったね。　That's too bad.
残念！　Shoot!

🔊 23

パーティーに来ない？
Can you come to the party?
—残念だけど行けないんだ。
I'm sorry but I can't.
それは残念。また今度ね。
That's too bad. Maybe next time.

さんぽ 散歩
a walk［ウォーク］

散歩をする　walk
　　　　　take a walk

毎朝散歩をします。
I take a walk every morning.

106　one hundred and six

し

し1 四 ☞ よん

し2 市
a **city** [スィティ]

し3 死
(a) **death** [デす]

し4 詩（1編の）
a **poem** [ポウム]

じ1 …時
... **o'clock** [オクラック]

10時です。
I'm ten o'clock.
It's ten o'clock.

じ2 字
a **letter** [レタ]
a **character** [キャラクタ]

漢字　kanji
Chinese character

しあい 試合
a **game** [ゲイム]（野球・バスケットボールなどの）
a **match** [マッチ]（テニス・サッカーなどの）

game　match

しあわせ 幸せ
happiness [ハピネス]

幸せな　happy
幸せです。
I'm happy.

シーソー
a **seesaw** [スィーソー]

しーっ（静かに）
Sh. [シー]
Hush. [ハッシュ]

シーディー
a **CD** [スィーディー]
= a **compact disc** [コンパクト ディスク]

CDプレーヤー
CD player

シール
a **sticker** [スティカ]

ジーンズ
jeans [ヂーンズ]

ジェスチャー→しごと

ジェスチャー
a gesture [ヂェスチャ]

アメリカやイギリスのジェスチャー

アメリカ、イギリスと日本とはジェスチャーに違いがある。

私。
Me.

いいよ（じょうずだね，おいしい）。
Good.

幸運を。
Good luck.

だめだね（へただね，まずい）。
No good.

さあ，どうだかね。
I don't know.

ジェットき　ジェット機
a jet plane [ヂェット　プレイン]

ジェットコースター
a roller coaster [ろウラ　コウスタ]

しお　塩
salt [ソールト]

しょっぱい　salty

しおひがり　潮干狩り
clamming [クラミング]

しか1　…しか（…だけ）
only [オウンリ]

100円しか持っていない。
I have only 100 yen.

しか2　鹿
a deer [ディア]

●シカ（2頭以上）　deer

しかく　四角（四角形）
a square [スクウェア]（正方形）
a rectangle [ゥれクタングル]（長方形）

しかし
but [バット]

行きたいが，しかし行けない。
I want to go but I can't.

しがつ　四月
April [エイプリル]

しかる
scold [スコウルド]

お母さんにしかられるわよ。
Mother will scold you.

じかん1　時間（時刻）
time［タイム］

時刻の表し方

何時ですか？
フッ　タイム　イズイット
What time is it?

―4時。
イッツ　フォーロクラック
It's four o'clock.

―4時10分。
イッツ　テン　パストふォー
It's ten past four.

―4時15分。
イッツァ　クウォータ　パストふォー
It's a quarter past four.

―4時半。
イッツ　ハふ　パストふォー
It's half past four.

―4時50分。
イッツ　テン　トゥふァイヴ
It's ten to five.

時間割　class schedule

じかん2　時間（1時間）
an hour［アウア］

しく
lay［レイ］

ゆかにしき物をしく
レイア　ぅラッグ　アンだふロー
lay a rug on the floor

しけん　試験
an examination［イグザミネイション］
= **an exam**［イグザム］
a test［テスト］

じけん　事件
an event［イヴェント］（重要な）
a case［ケイス］（犯罪などの）

じこ　事故
an accident［アクスィデント］

じごく　地獄
hell［ヘル］

しごと　仕事
work［ワ～ク］（職業・作業）
a job［ヂャップ］（職業・作業）
business［ビズネス］（商売）
a chore［チョー］（そうじ・洗濯などの）

働く　work

お母さんのお仕事は何ですか？
ワッ　ダズユアマだ　ドゥー
What does your mother do?

―図書館で働いています。
シーワ～クス　アッだライブらり
She works at the library.

じしゃく→シチュー

じしゃく 磁石
a **magnet** [マグネット]

じしん1 地しん
an **earthquake** [ア〜すクウェイク]

しじゅう(の) 四十(の)
☞ よんじゅう(の)

じしょ 辞書
a **dictionary** [ディクショネり]

じしん2 自信
confidence [カンふィデンス]
英語に自信があります。
I have confidence in my English.

しずかな 静かな
quiet [クワイエット]
silent [サイレント]
calm [カーム] (おだやかな)

静かな海
a calm sea

静かにしなさい。
Be quiet.

静かな夜
a silent night

うるさい
noisy

quiet
silent

しずむ
sink [スィンク]
set [セット] (太陽・月が)

船がしずみかけている。
The ship is sinking.

太陽がしずみかけている。
The sun is setting.

しせい 姿勢
(a) **posture** [パスチャ]

しぜん 自然
nature [ネイチャ]

した¹ 下
under [アンダ]（下に・真下に）
below [ビロウ]（はなれて下に）
down [ダウン]（下の方へ）

雲の真下
アンダだクラウド
under the cloud

地平線の下
ビロウだホライズン
below the horizon

下へ降りる
ゴウダウン
go down

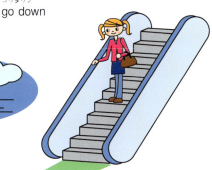

した² 舌
a tongue [タング]

したい …したい
want to ... [ワント トゥ]

君といっしょに勉強したい。
アイワントゥ スタディ ウィどゅユー
I want to study with you.

じだい 時代
an age [エイヂ]
a period [ピリオッド]

宇宙時代
だスペイス エイヂ
the space age

江戸時代
でぃエド ピりオッド
the Edo period

したぎ 下着
underwear [アンダウェア]

したくする
get ready for [ゲット うれディ ふォ]

学校のしたくをする
ゲット うれディ ふォスクール
get ready for school

したじき 下じき
a plastic sheet for writing
[プラスティック シート ふォらイティング]

しち 七 ☞なな

しちがつ 七月
July [ヂュライ]

しちじゅう(の) 七十(の)
☞ななじゅう(の)

しちめんちょう 七面鳥
a turkey [タ～キ]

シチュー
stew [ステュー]

ビーフシチュー
ビーふ ステュー
beef stew

しっかり→しまい

しっかり1 （かたく）
tight［タイト］

しっかりつかむ
hold tight

しっかり2 （一生けん命に）
hard［ハード］

しっかり勉強する
study hard

じっけん　実験
an experiment［イクスペリメント］

しっぱい　失敗
(a) failure［ふェイリャ］

失敗する　fail

▶ 失敗した　**failed**［ふェイルド］

また失敗した。
I failed again.

しっぽ
a tail［テイル］

しつもん　質問
a question［クウェスチョン］

質問する　ask a question

質問してもよろしいですか？
May I ask some questions?

—もちろんです。どうぞ。
Sure. Go ahead.

じてん1　辞典
a dictionary［ディクショネり］

英和辞典　English-Japanese dictionary
国語辞典　Japanese dictionary

じてん2　事典（百科事典）
an encyclop(a)edia
［インサイクロピーディア］

じてんしゃ　自転車
a bike［バイク］
= **a bicycle**［バイスィクル］

自転車に乗る
ride a bike

bike
bicycle

一輪車
unicycle

三輪車
tricycle

じどう　児童
a child［チャイルド］

● 児童（2人以上）　children

じどうしゃ　自動車
a car［カー］

じどうの 自動の
automatic［オートマティック］

自動はん売機
ウェンディング マシーン
vending machine

自動ドア
オートマティック ドー
automatic door

しぬ 死ぬ
die［ダイ］
pass away［パス アウェイ］（なくなる）

▶ 死んだ **died**［ダイド］
passed away［パスタウェイ］

その作家は若くして死んだ。
ダラ イタ ダイド ヤング
The writer died young.

おじいちゃんは去年なくなった。
マイ グランファーダ パスタウェイ ラスト イア
My grandfather passed away last year.

しばふ 芝生
the grass［ダグラス］
a lawn［ローン］

芝生に入るべからず。
キーポーふ ダグラス
Keep off the grass.

しばらく （短い間）
for a while［フォア ワイル］ 🔊24

やあ, サリー。元気？しばらく会わなかったね。
Hi, Sally. How are you? I haven't seen you for a while.

―ええ, ヨーロッパに行ったの。
Well, I went to Europe.

しばる
tie［タイ］

本をひもでしばる
タイ ブックス ウィドゥ ストリング
tie books with string

しびれる
be asleep［アスリープ］

足がしびれている。
マイ フィート アスリープ
My feet are asleep.

じぶん 自分（自分自身）
myself［マイセルふ］

あなた自身　**yourself**
ユアセルふ

かの女自身　**herself**
ハーセルふ

かれ自身　**himself**
ヒムセルふ

自分（自身）についてお話しします。
アイル トーカバウト マイセルふ
I'll talk about myself.

自分で手作りをすること, 日曜大工
ドゥーイットユアセルふ
do-it-yourself

しま1 島
an island［アイランド］

しま2 （しま模様）
a stripe［ストライプ］

しまい 姉妹　☞ きょうだい

しまう
keep [キープ]（保存する）
put away [プット アウェイ]（片づける）

牛乳を冷蔵庫にしまっておきなさい。
Keep the milk in the refrigerator.

本をしまいなさい。
Put away your books.

しまうま
a zebra [ズィーブら]

しまった
Oops! [ウープス]
Oh, dear! [オウ ディア]
Oh, no! [オウ ノウ]
Shoot! [シュート]

Oh, no!

しまる　閉まる
close [クロウズ]
shut [シャット]

あの店は5時に閉まる。
That store closes at five.

しめる1　閉める（閉じる）
close [クロウズ]
shut [シャット]

店を6時に閉める。
They close the store at six.

窓を閉めてください。
Shut the window, please.

しめる2　締める（留める）
fasten [ファスン]

シートベルトを締めなさい。
Fasten your seat belt.

じめん　地面
ground [グラウンド]

しも　霜
frost [ふロスト]

霜焼け　frostbite

じゃあ
Well. [ウェル]

シャープペンシル
a mechanical pencil [メキャニカル ペンスル]

しゃかい　社会
(a) society [ソサイエティ]

しゃかいか 社会科
social studies ［ソウシャル スタディズ］

社会科見学 field trip

じゃがいも
(a) **potato** ［ポテイトウ］

●ジャガイモ(2個以上) potatoes ［ポテイトウズ］

じゃぐち 蛇口
a **faucet** ［フォーセット］
a **tap** ［タップ］

しゃしょう 車掌
a **conductor** ［コンダクタ］

しゃしん 写真
a **photo** ［フォウトウ］
= a **photograph** ［フォウトグらふ］
a **picture** ［ピクチャ］

しゃせいする 写生する
sketch ［スケッチ］

女の子たちが公園で写生をしています。
Girls are sketching in the park.

シャツ
a **shirt** ［シャ〜ト］（ワイシャツ）
an **undershirt** ［アンダシャ〜ト］（下着の）

shirt　　　undershirt

しゃっくり
a **hiccup** ［ヒカップ］

しゃっくりをする hiccup

しゃべる
chat ［チャット］
talk ［トーク］
tell ［テル］

一晩中しゃべりましょう。
Let's chat all night long.

サリーはよくしゃべる。
Sally talks a lot.

これはだれにもしゃべらないでね。
Don't tell this to anyone.

☞いう，はなす1

シャベル
a **shovel** ［シャヴル］

シャボンだま シャボン玉
a **soap bubble** ［ソウプ バブル］

じゃまする
disturb ［ディスタ〜ブ］

私のじゃまをしないで。
Don't disturb me.

ジャム
jam ［ヂャム］

シャワー
a **shower** ［シャウア］

ジャングル
a **jungle** ［ヂャングル］

じゃんけん
janken［ヂャンケン］
rock, scissors, paper
［ラック スィザズ ペイパ］

じゃんけんをしましょう。
Let's play janken.

じゃんけんぽん！
Rock, scissors, paper. One, two, three!

ジャンパー
a windbreaker［ウィンブれイカ］

ジャンプ
a jump［ヂャンプ］

しゅう 週
a week［ウィーク］

先週 last week
今週 this week
来週 next week

じゅう2 …中
during［デュリング］（…の間中）
while［ワイル］（…する間に）
all over［オーろウヴァ］（…の中で）

冬休み中
during winter vacation

じゅうい 獣医
a vet［ヴェット］
= a veterinarian
［ヴェテリネアりアン］

じゅう 自由
freedom［ふリーダム］
liberty［リバティ］

じゅう1 十
ten［テン］

10番目（の） tenth
11（の） eleven
12（の） twelve
13（の） thirteen
14（の） fourteen
15（の） fifteen
16（の） sixteen
17（の） seventeen
18（の） eighteen
19（の） nineteen

インドたい在中に
while I was in India

世界中で
all over the world

じゅういちがつ 十一月
November［ノウヴェンバ］

じゅうがつ 十月
October［アクトウバ］

シュークリーム
a **cream puff** [クリーム パフ]

しゅうじ 習字
calligraphy [カリグらフィ] （書道）
penmanship [ペンマンシップ] （ペン習字）

すみ
チャイニーズ インク
Chinese ink

じゅうしょ 住所
an **address** [アドレス]

住所を教えていただけますか？
メイアイハヴ ユアアドレス
May I have your address?

ジュース
juice [ヂュース]

シュート
a **shot** [シャット]

じゅうどう 柔道
judo [ヂュードウ]

じゅうにがつ 十二月
December [ディセンバ]

じゅうぶんな （必要な分に足りる）
enough [イナふ]

それでじゅうぶんよ。
ダッツ イナふ
That's enough.

じゅうような 重要な
☞ たいせつな

しゅうりする 修理する
☞ なおす

じゅぎょう 授業
a **lesson** [レスン]
a **class** [クラス]

◎25

1時間目の授業は何？
What class do you have in the first period?

―算数だよ。君は？
I have math. What's yours?

体育。体育館に急がなくっちゃ。
PE. I'd better hurry to the gym.

―じゃあとでね，サリー。
See you later, Sally.

じゅく 塾
a **cram school** [クらム スクール]

しゅくじつ→しょうがっこう

しゅくじつ 祝日
a national holiday ［ナショヌル ハリデイ］

元日（元旦）がんじつ（がんたん） New Year's Day ニュー イアズ デイ

成人の日 せいじんのひ Coming-of-Age Day カミングオヴエイヂ デイ

建国記念の日 けんこくきねんのひ National Foundation Day ナショヌル ファウンデイション デイ

春分の日 しゅんぶんのひ Spring Equinox Day スプリング イークウィナクス デイ

みどりの日 Greenery Day グリーナリ デイ

憲法記念日 けんぽうきねんび Constitution Day カンスティテューション デイ

子どもの日 こどものひ Children's Day チルドレンズ デイ

海の日 うみのひ Marine Day マリーン デイ

敬老の日 けいろうのひ Senior Citizens' Day スィーニア スィティズンズ デイ

秋分の日 しゅうぶんのひ Autumnal Equinox Day オータムヌル イークウィナクス デイ

体育の日 たいいくのひ Health-Sports Day ヘルススポーツ デイ

文化の日 ぶんかのひ Culture Day カルチャ デイ

勤労感謝の日 きんろうかんしゃのひ Labor Thanksgiving Day レイバ サンクスギヴィング デイ

天皇誕生日 てんのうたんじょうび the Emperor's Birthday ディエンペラズ バースデイ

しゅくだい 宿題
homework ［ホウムワ～ク］

しゅしょう 首相
the prime minister ［だプライム ミニスタ］

大統領 だいとうりょう the president だプレズィデント

大臣 だいじん minister ミニスタ

しゅだん 手段 ☞ ほうほう

しゅっせき 出席
(an) attendance ［アテンダンス］

出席する しゅっせきする attend アテンド

しゅっぱつ 出発
(a) departure ［ディパーチャ］

出発する しゅっぱつする leave リーヴ

start スタート

バスは7時に出発する。 だバス リーヴズ アットセヴン
The bus leaves at seven.

▶ 出発した しゅっぱつした left ［レフト］
6時に家を出発した。 じ いえ しゅっぱつした
I left home at six. アイレフト ホウム アットスィックス

しゅふ 主婦
a homemaker ［ホウムメイカ］

しゅみ 趣味
a **hobby**[ハビ]

しゅるい 種類
a **kind**[カインド]
a **sort**[ソート]

じゅんばん 順番
a **turn**[タ～ン]
ぼくの番だ。
It's my turn.

じゅんびする 準備する
be **ready**[うれディ]（準備ができた）
get **ready**[ゲット うれディ]（…を準備する）
prepare[プリペア]（…を準備する）
出かける準備ができた。
I'm ready to go.
お祭りの準備をする
get ready for the festival
旅行の準備をする
prepare for the trip

しよう …しよう
Let's ...[レッツ]
静かにしよう。
Let's be quiet.
―うん，そうしよう。
　Yes, let's.

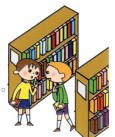

しょうかい 紹介
introduction[イントロダクション]
紹介する　introduce
自己紹介をさせてください。
Let me introduce myself.

ユウタ，私の友だちのリサよ。
リサ，ユウタよ。出身は日本なの。
Yuta, this is my friend, Lisa. Lisa, this is Yuta. He is from Japan.

―はじめまして，リサ。
　How do you do, Lisa.

―はじめまして，ユウタ。
　How do you do, Yuta.

しょうがくせい 小学生
an **elementary school child**
[エレメンタり スクール チャイルド]

しょうがつ 正月（新年）
the New Year[だニュー イア]
元日（元旦）　New Year's Day
羽子板　hagoita
もち　rice cake
たこ　kite
年賀状　New Year's card

しょうがっこう 小学校
(an) **elementary school**
[エレメンタり スクール]

しょうぎ　将棋
shogi［ショウギ］
Japanese chess［ヂャパニーズ　チェス］

じょうぎ　定規
a ruler［ゥるーラ］

じょうきゃく　乗客
a passenger［パセンヂャ］

じょうきゅうせい　上級生
an older student［オウるダ　ステューデント］

しょうじき　正直
honesty［アネスティ］

正直な　honest
ユウタは正直な少年です。
Yuta is an honest boy.

しょうじょ　少女
a girl［ガ〜ル］

しょうたい　招待
invitation［インヴィテイション］

招待する　invite
招待状　invitation card
▶ 招待した　**invited**［インヴァイテッド］
サリーは昨日私を招待してくれた。
Sally invited me yesterday.

しょうすう　小数
a decimal［デスムる］

小数点　decimal point

じょうずな
good［グッド］

じょうずに　well
ユウタは絵をかくのがじょうずです。
Yuta is good at drawing.
ユウタはじょうずに絵をかく。
Yuta draws well.

しょうせつ　小説
a novel［ナヴる］

小説家　novelist
探てい小説　detective story

🔊 27

ユウタ，よく来てくれましたね。
It's very nice of you to come, Yuta.

—グリーンさん，ご招待いただいて
　ありがとうございます。これ，お
　みやげです。
　Thank you for having me, Mrs. Green. This is a gift for you.

まあ，ユウタ，ありがとう。
Oh, thank you, Yuta.

じょうだん
a **joke** ［ヂョウク］（しゃれの）
kidding ［キディング］（からかいの）

じょうだんを言う
テルア　ヂョウク
tell a joke

じょうだんですよ。
イッツ　ヂャスタ　ヂョウク
It's just a joke.

じょうだんでしょ。
ユーア　キディング
You're kidding.

じょうぶな1 （健康な）
healthy ［ヘルすィ］

お母さんはじょうぶです。
マだりズ　ヘルすィ
Mother is healthy.

じょうぶな2 （強い）
strong ［ストろーング］

その布はじょうぶです。
だクローすィズ　ストろーング
The cloth is strong.

しょうねん　少年
a **boy** ［ボイ］

しょうひん　賞品
a **prize** ［プらイズ］

1等賞をとる
ウィン　だふァースト　プらイズ
win the first prize

しょうぼう　消防
fire fighting
［ふァイア　ふァイティング］

消防署
ふァイア　ステイション
fire station

消防車
ふァイア　エンヂン
fire engine

消防士
ふァイア　ふァイタ
fire fighter

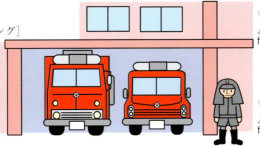

しょうゆ
soy sauce ［ソイ　ソース］

しょうらい　将来
future ［ふューチャ］

じょうろ
a **watering can**
［ウォータリング　キャン］

じょおう　女王
a **queen** [クウィーン]

ショートケーキ
(a) **shortcake** [ショートケイク]

しょくじ　食事
a **meal** [ミール]

1日3回食事をする。
We have three meals a day.

しょくじをする　食事をする
☞ たべる

しょくどう1　食堂（家の）
a **dining room** [ダイニング　るーム]

しょくどう2　食堂（レストラン）
☞ レストラン

しょくぶつ　植物
a **plant** [プラント]

植物園　botanical garden

しょくいんしつ　職員室
a **teachers' room** [ティーチャズ　るーム]

しょくぎょう　職業
a **job** [ヂャップ]
an **occupation** [アキュペイション]

🔊 28

グリーンさん，すばらしい食事をありがとうございました。
Thank you for the wonderful meal, Mrs. Green.

―食事を楽しんでいただけたかしら？
Did you enjoy your dinner?

とてもおいしかったです。
Yes, it was delicious.

じょし　女子（女の子）
a **girl** [ガ～ル]

じょせい　女性
a **woman** [ウマン]

● 女性（2人以上）　**women**

しょっき　食器
the **dishes** [だディッシイズ]

しょどう　書道
calligraphy [カリグらふィ]

しらべる　調べる
- **look into**[ルック　イントゥ]（調査する）
- **check**[チェック]（正しいかどうかを）
- **look up**[ルック　アップ]（辞書などを）

その事件を調べる
look into the case

答えを調べる
check the answers

辞書を調べる
look up in the dictionary

しり
buttocks[バトクス]

しりとり
shiritori[シリトリ]
a word chain game[ワ〜ド　チェイン　ゲイム]

しる　知る
know[ノウ]

知っている　know

かれの名前を知っていますか？
Do you know his name?

—ごめん，知らない。
I'm sorry I don't.

ユウタを知っています。
I know Yuta.

▶ 知った　**knew**[ニュー]

その事故について知っていた。
I knew about the accident.

しろ1　白, 白い
white[ワイト]

しろ2　城
a castle[キャスル]

しんごう　信号
a signal[スィグヌル]

信号（交通信号機）
traffic light

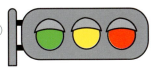

アメリカ　日本

進め
Walk

止まれ
Don't walk

じんこう→スープ

じんこう 人口
population [パピュレイション]

じんこうえいせい 人工衛星
an artificial satellite
[アーティふィシャル サテライト]

じんじゃ 神社
a shrine [シュらイン]

しんじゅ 真珠
a pearl [パ〜ル]

しんじる 信じる
believe [ビリーヴ]
私(の言うこと)を信じなさい。
ビリーヴミー
Believe me.

しんせき 親せき
a relative [うれラティヴ]

しんせつ 親切
kindness [カインドネス]
親切な kind
人に親切にしなさい。
ビーカイン トゥアだズ
Be kind to others.

しんぞう 心臓
a heart [ハート]

しんちょう 身長
height [ハイト]

しんにゅうせい 新入生
a new student
[ニュー ステューデント]

しんねん 新年
the New Year [だニュー イア]

しんぱい 心配
(a) worry [ワ〜リ]
心配する worry
心配することはない。
Don't worry.
テストの心配をしています。
I'm worrying about my test.

シンバル
cymbals [スィンバルズ]

しんぶん 新聞
a newspaper [ニューズペイパ]
= a paper [ペイパ]
学校新聞 school paper

しんゆう 親友
a good friend [グッド ふれンド]

しんようする 信用する
trust [トラスト]
君を信用できない。
I can't trust you.

☞ しんじる

す

す　巣
- nest［ネスト］（鳥の）
- web［ウェッブ］（クモの）
- beehive［ビーハイヴ］（ハチの）

スイートピー
- sweet pea［スウィート　ピー］

すいえい　水泳
- swimming［スウィミング］

すいか
- watermelon［ウォータメロン］

すいせん　水仙
- narcissus［ナースィサス］
- daffodil［ダふォデイル］（ラッパズイセン）

すいぞくかん　水族館
- an aquarium［アクウェアリアム］

スイッチ
- switch［スウィッチ］

すいとう　水とう（魔法びん式の）
- thermos［さ〜モス］

すいどう　水道
- water［ウォータ］
- じゃ口　faucet［ふォーセット］
- タップ　tap

水道の水　running water

すいようび　水曜日
- Wednesday［ウェンズディ］

すう　吸う
- suck［サック］（しゃぶる）
- breathe［ブリードゥ］（空気を）
- smoke［スモウク］（たばこを）

その赤ちゃんは親指を吸う。
The baby sucks her thumb.

新せんな空気を吸う
breathe fresh air

たばこを吸っていいですか？
May I smoke?

すうじ　数字
- a number［ナンバ］

スーパー（マーケット）
- a supermarket［スーパマーケット］

スープ
- soup［スープ］

スープを飲む
drink soup
eat soup（スプーンで）

ずが→すごい

ずが 図画
a **drawing**［ドローイング］（鉛筆・ペンでかいた）
a **painting**［ペインティング］（絵の具などでかいた）
☞ え

ずかん 図鑑
an **illustrated book**
［イラストれイテッド ブック］

スカート
a **skirt**［スカ〜ト］

スカンク
a **skunk**［スカンク］

スキー
skiing［スキーイング］

スキーをする　ski
北海道へスキーに行った。
アイウェント スキーイング インホッカイドウ
I went skiing in Hokkaido.
スキー場　スキーイング グラウンド　skiing ground
スキーヤー　スキーア　skier
スキーウェア　skiwear
ゲレンデ　スキーイング スロウプ　skiing slope
スキー　ski
スキーストック　スキー ポウル　ski pole

すきだ 好きだ
like［ライク］
be **fond of**［ふァンドヴ］（とても好き）
love［ラヴ］（大好き）

好きな　favorite
算数と理科が好きです。
アイライク マす アンサイエンス
I like math and science.

音楽が好きです。
アイムふァンドヴ ミューズィック
I'm fond of music.
音楽と体育が好きです。
アイラヴ ミューズィック アンピーイー
I love music and PE.
好きな科目は何？
ワッチュア ふェイヴァリット サブヂェクト
What's your favorite subject?

すぎる1　過ぎる（通り過ぎる）
pass［パス］

その店を過ぎて左に曲がってください。
パス だストー アンター〜ン レふト
Pass the store and turn left.

すぎる2 （量などが）
too［トゥー］

（子どもに注意して）しゃべりすぎよ。
ユートーク トゥーマッチ
You talk too much.

すく （おなかが）
be hungry［ハングリ］

おなかがすいている。
アイム ハングリ
I'm hungry.

すぐ1
right away［ゥらイタウェイ］
at once［アットワンス］
just［ヂャスト］（今まさに）

すぐにやりなさい。
ドゥーイット ゥらイタウェイ
Do it right away.

すぐに来てください。
カム アットワンス
Come at once.

今すぐに
ヂャスト ナウ
just now

すぐ2 （近い）
near［ニア］

家のすぐ近く
ニアだハウス
near the house

すくない 少ない
few［フュー］（数が）
little［リトル］（量が）

ここに遊びに来る子どもは少ない。
フュー チルドレン カムヒア トゥプレイ
Few children come here to play.

冬は雨が少ない。
ウィハヴ リトル ゥれイン インウィンタ
We have little rain in winter.

すくなくとも 少なくとも
at least［アットリースト］

スケート （競技）
skating［スケイティング］

スケートボード
a skateboard［スケイトボード］

すごい
great［グれイト］
wonderful［ワンダふル］
terrific［テリふィック］

それはすごい！
だッツ グれイト
That's great!

すごい！　スーパ
　　　　　Super!
ふァンタスティック
Fantastic!

☞ **ほめる**

ずこう　図工
arts and crafts
［アーツ　アンクらふツ］

すこし1　少し（少ししかない）
few［ふユー］（数が）
little［リトル］（量が）

この町には友だちが少ししかいない。
I have few friends in this town.

few

たくさん（数が）
many

財布にお金が少ししかない。
I have little money in my purse.

little

たくさん（量が）
much

👉 すくない

すこし2　少し（少しある）
a few［アふユー］（数が）
some［サム］（数が）
a couple of［アカプロヴ］（数が）
a little［アリトル］（量が）

引き出しに少しクリップがあります。
There are a few clips in the drawer.

びんにペンキが少し残っています。
There is a little paint left in the jar.

すし
sushi［スーシ］

すず
a bell［ベル］

すずしい
cool［クール］

cool

暖かい
warm

すすむ　進む
go［ゴウ］
go forward［ゴウ　ふォーワド］

この前はどこまで進みましたか？
How far did we go last time?

前進！　Forward!

すずむし　すず虫
a bell cricket［ベル　クリケット］

すずめ
a sparrow［スパろウ］

チュンチュン
チャープ
chirp

すずらん
a lily of the valley
［リリ　オヴだヴァリ］

スター
a star［スター］

スタート
start [スタート]

スタートする　start

スタジオ
studio [ステューディオウ]

スタンド　（電気スタンド）
desk lamp [デスク ランプ]

スタンプ
stamp [スタンプ]

スチュワーデス
☞ きゃくしつじょうむいん

すっぱい
sour [サウア]

ステーキ
(a) steak [ステイク]

すてきな
nice [ナイス]

すてる　捨てる
throw away [すろウ アウェイ]

がらくたを捨てなさい。
Throw away the trash.

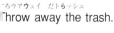

ストーブ
a heater [ヒータ]

ストップウォッチ
a stopwatch [スタップワッチ]

ストロー
a straw [ストロー]

すな　砂
sand [サンド]

砂場　sandbox

すなおな
gentle [ヂェントル]

スニーカー
a sneaker [スニーカ]

(1足の)スニーカー
sneakers

スパゲッティ
spaghetti [スパゲティ]

スパゲッティミートソース
spaghetti with meat sauce

すばらしい　☞ すごい

スピード
(a) speed [スピード]

スプーン
a spoon [スプーン]

スペイン
Spain [スペイン]

スペイン人　Spanish

one hundred and twenty-nine　129

すべて(の)

all [オール] (まとめてすべて)
every [エヴリ] (どれもすべて)

すべてのイヌが、白いしっぽをしている。
All the dogs have white tails.

どのしっぽもすべて個性的です。
Every tail is unique.

すべる1 (なめらかに)

slide [スライド]

しゃ面をすべる
slide down the slope

すべる2 (つるっと)

slip [スリップ]

バナナの皮をふんですべる
slip on the banana peel

すべりだい　すべり台

a **slide** [スライド]

スポーツ

a **sport** [スポート]

スポーツは何が好き？
What sports do you like?

―テニスが好き。
I like tennis.

(play...)
野球をする
play baseball

バドミントンをする
play badminton

バスケットボールをする
play basketball

(practice...)
剣道のけいこをする
practice kendo

柔道のけいこをする
practice judo

体操の練習をする
practice gymnastics

(...ing)
泳ぐ
swim

水泳
swimming

スケートをする
skate

スケート
skating

スキーをする
ski

スキー
skiing

ズボン
trousers［トラウザズ］
pants［パンツ］

すみ （角の方）
a corner［コーナ］

すみません
I'm sorry.［アイム サり］（きちんとわびる）
Excuse me.［イクスキューズ ミー］（軽くわびる）
Thank you.［サンキュー］（お礼に）
☞ あやまる

すみれ
a violet［ヴァイオレット］

すむ1 住む
live［リヴ］

東京に住んでいます。
I live in Tokyo.

すむ2 済む ☞ おわる

すもう 相撲
sumo［スーモウ］

スリッパ
a slipper［スリパ］
（1足の）スリッパ
slippers［スリパズ］

する
do［ドゥー］（行う）
play［プレイ］（ゲーム・スポーツなどを）

何をしているの？
What are you doing?

放課後サッカーをしています。
I play soccer after school.

▶ した **did**［ディッド］

昨日宿題をした。
I did my homework yesterday.

ずるい
unfair［アンフェア］

すわる
sit［スィット］

いすにすわる
sit on a chair

▶ すわった **sat**［サット］

ハンプティ・ダンプティがへいの上にすわった。
Humpty Dumpty sat on a wall.

せ1 背(背中)
a **back** [バック]

せ2 背(身長)
height [ハイト]

身長はどのくらい？
How tall are you?

背が低い short
背が高い tall

―130cmです。
I'm 130cm tall.

せいかく 性格
character [キャラクタ]

せいかつ 生活
life [ライふ]
living [リヴィング]

せいき 世紀
a **century** [センチュり]

21世紀
the twenty-first century

せいこう 成功
success [サクセス]

ご成功をおいのりします。
I wish for your success.

―ありがとう。
Thank you.

せいざ 星座
a **constellation** [カンステレイション]

北極星 the North Star
カシオペア座 Cassiopeia
北斗七星 the Big Dipper

せいじか 政治家
a **statesperson** [ステイツパ～スン]
a **politician** [パリティシャン]

せいしん 精神
mind [マインド]
spirit [スピりット]

せいせき　成績
a grade［グれイド］

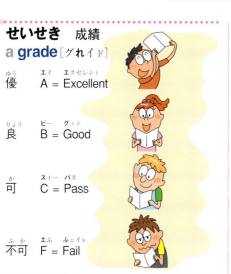

優　A = Excellent
良　B = Good
可　C = Pass
不可　F = Fail

ぜいたく
luxury［ラクシャリ］

ぜいたくな　luxurious

せいと　生徒
a student［ステューデント］

せいねんがっぴ　生年月日
birth date［バ〜す　デイト］

せいふ　政府
a government［ガヴァンメント］

せいふく　制服
a uniform［ユーニふォーム］

せいほうけい　正方形
a square［スクウェア］

せいりする　整理する
put in order［プット　インノーダ］

本を整理する
put the books in order

セーター
a sweater［スウェタ］

せかい　世界
the world［だワ〜ルド］

せき1　席
a seat［スィート］

せき2
a cough［コーふ］

せきをする　cough

ゴホンゴホン
コーふコーふ
cough-cough

せきゆ　石油
oil［オイル］

せっけん　石けん
soap［ソウプ］

ぜったいに　絶対に
absolutely［アブソルートリ］

来てくれますか？
Will you come?
―絶対に(行きます)。
Absolutely.

one hundred and thirty-three **133**

せっちゃくざい→せんろ

せっちゃくざい　接着ざい
glue [グルー]

せつめいする　説明する
explain [イクスプレイン]

ルールを説明する
explain the rule

せなか　背中
a back [バック]

せまい
narrow [ナろウ]（はばが）
small [スモール]（面積が）

広い（はばが）
wide [ワイド]

せまい道
narrow road

narrow

広い（面積が）
big [ビッグ]
large [ラーヂ]

せまい部屋
small room

small

せみ
a cicada [スィカーダ]

ゼリー
(a) jelly [ヂェリ]
jello [ヂェロウ]

ゼロ
zero [ズィアロウ]

セロハンテープ
Scotch tape [スカッチ　テイプ]

セロリ
celery [セラり]

せわをする　世話をする
take care of [テイク　ケアろヴ]
look after [ルック　アふタ]

妹の世話をする
take care of my little sister

イヌの世話をする
look after my dog

せん1　千
a thousand [サウザンド]

せん2　線
a line [ライン]

直線
straight line

曲線
curved line

点線
dotted line

ジグザグ線
zigzag line

せんざい　洗ざい
(a) detergent [ディタ〜ヂェント]

せんしゅ　選手
a player [プレイア]

せんす
a folding fan [ふォウルディング　ふァン]

134　one hundred and thirty-four

せ

せんすいかん 潜水かん
a **submarine** [サブマリーン]

せんせい 先生
a **teacher** [ティーチャ]

担任の先生　homeroom teacher
[学校の先生を呼ぶ時]
佐藤先生(女の先生)　Ms. Sato
田中先生(男の先生)　Mr. Tanaka
[医者を呼ぶ時]
…先生　Doctor ...

せんたく 洗濯
(the) **washing** [ワシング]

洗濯する　wash
洗濯機　washing machine
洗濯物　laundry
クリーニング店　cleaner's

センチメートル
a **centimeter** [センティミータ]
= cm

せんちょう 船長
a **captain** [キャプテン]

ぜんはん 前半
the **first half of**
[だふァ～スト　ハふォヴ]

ぜんぶ(の) 全部(の)
☞ すべて(の)

ぜんぜん 全然
not at all [ナット　アットール]

いいえ、全然。
No, not at all.

せんそう 戦争
(a) **war** [ウォー]

もう戦争はごめんだ。
No more wars.

ユウタは毎日洗濯をする。
Yuta washes every day.

せんぷうき せん風機
a **fan** [ふァン]

せんべい
a **Japanese rice cracker**
[ヂャパニーズ　らイス　クラカ]

せんめんじょ 洗面所
a **bathroom** [バするーム]

せんろ 線路
a **railroad track**
[れイルろウド　トラック]

そう→そば

そう （そのように）
so [ソウ]

そう思います。
I think so.

ぞう 象
an elephant [エレふァント]

そうじ
a cleaning [クリーニング]

そうじする　clean
ぞうきん　cleaning cloth
そうじ機　vacuum cleaner

そうぞう 想像
imagination [イマヂネイション]

想像する　imagine

想像力を働かせてごらんなさい。
Use your imagination.

想像できる？
Can you imagine?

そうだ1　…そうだ（…と聞いた）
I hear ... [アイ ヒア]

ユウタが間もなく来るそうです。
I hear that Yuta is coming soon.

そうだ2　…そうだ（…のように見える）
look [ルック]

サリーはうれしそうだ。
Sally looks happy.

ぞうり　　　　　　　　（1足の）ぞうり
zori [ゾウり]　　　　Japanese sandals
a Japanese sandal
[ヂャパニーズ サンドル]

ソース
sauce [ソース]

ソーセージ
(a) sausage [ソーセッヂ]

ソーダ
soda pop [ソウダ パップ]

そこ1
there [でア]

前にそこに行った。
I went there before.

そこ2 底
the bottom [だ バトム]

そして
and [弱 アン, 強 アンド]

サリーは立ち上がり，そして電気をつけた。
Sally stood up and turned on the light.

そだつ 育つ
grow [グロウ]

植物は育つのに水を必要とする。
Plants need water to grow.

そちら
there [でア]
over there [オウヴァ でア]

そつぎょう 卒業
graduation [グラヂュエイション]

卒業する　graduate
高校を卒業する
graduate from high school
卒業式　graduation ceremony
卒業生　graduate
卒業アルバム　yearbook

ソックス
a sock [サック]

(1足の)ソックス
socks

そっち ☞ そちら

そで
a sleeve [スリーヴ]

そと 外 (外側)
the outside [でィアウトサイド]

内側 the inside
外で out　the outside
outside

その
the [だ, でィ] (特定のもの)
that [だット] (少しはなれた所にあるもの)

その少年
the boy

そのイヌ
that dog

そば1 (近く)
near [ニア]

そば2 《食べ物》
soba noodles [ソウバ ヌードルズ]

そば屋 noodle shop

そふ 祖父
a **grandfather** [グランふァーだ]

ソファー
a **sofa** [ソウふァ]
a **couch** [カウチ]

ソフトクリーム
soft ice cream [ソーふト アイス クリーム]

ソフトボール (スポーツ)
softball [ソーふトボール]

そぼ 祖母
a **grandmother** [グランマだ]

そら 空
(the) **sky** [スカイ]

空色(の) sky blue

そり
a **sled** [スレッド]
a **sleigh** [スレイ]

それ
that [だット] (ひとつのもの)
it [イット]

● それ(2つ以上のもの) those
● それらは(が) they

それは私のものです。
That's mine.

以上です(それで終わりです)。
That's it.

そろばん
an **abacus** [アバカス]

そん 損
(a) **loss** [ロス]

そんけい 尊敬
respect [ぅりスペクト]

尊敬する respect

両親を尊敬しています。
I respect my parents.

たい1 …たい
want to ...［ワント　トゥ］

私はねむりたい。
I want to sleep.

☞ したい

たい2 《魚》
a **sea bream**［スィー　ブリーム］

タイ
Thailand［タイランド］

タイ人　Thai

たいいく　体育
PE［ピーイー］
= **physical education**
［フィズィカル　エヂュケイション］

体育館　ヂム　gym
ヂムネイズィアム　gymnasium

だいがく　大学
a **university**［ユーニヴァ～スィティ］
a **college**［カレッヂ］

だいく　大工
a **carpenter**［カーペンタ］

たいくつする　☞ あきる

たいこ
a **drum**［ドラム］

だいこん　大根
a **daikon**［ダイコン］
a **Japanese radish**
［ヂャパニーズ　らディッシュ］

ハツカダイコン
らディッシュ
radish

だいじな　大事な
important［インポータント］

聞いて，ここが大事ですよ。
リスン　テ ィスィズ　インポータント
Listen. This is important.

大事にする　テイク　ケアろヴ　take care of
お大事に。
テイク　グッド　ケアろヴ　ユアセルふ
Take good care of yourself.

たいじゅう　体重
weight［ウェイト］

体重計
スケイル
scale

だいじょうぶな
OK［オウケイ］
all right［オール　らイト］

だいじょうぶ？
アーユーオウケイ
Are you OK?

—ええ，だいじょうぶよ。
イェス　アイム　ふァイン
Yes, I'm fine.

だいすきだ　大好きだ　☞ すきだ

たいせいよう　大西洋
the Atlantic Ocean
［でィアトランティック　オウシャン］

たいせつな　大切な
important［インポータント］
一生けん命やることが大切です。
It's important to work hard.

たいそう　体操
exercise［エクササイズ］
gym［ヂム］（競技）
gymnastics［ヂムナスティックス］（競技）

だいどころ　台所
a **kitchen**［キチン］

たいふう　台風
a **typhoon**［タイふーン］

たいへいよう　太平洋
the Pacific Ocean
［だパスィふィック　オウシャン］

たいへんな　大変な
hard［ハード］
tough［タふ］
大変な仕事
hard work
大変だよね？
It's tough, isn't it?

タイヤ
a **tire**［タイア］

ダイヤモンド
(a) **diamond**［ダイアモンド］

たいよう　太陽
the sun［だサン］

たいらな　平らな
flat［ふラット］

たおす
knock down［ナック　ダウン］（なぐりたおす）
cut down［カット　ダウン］（切りたおす）
敵をたおす
knock the opponent down
木を切りたおす
cut down the tree

タオル
a **towel**［タウル］

たおれる
fall［ふォール］
ゆかにたおれる
fall down on the floor

たか
hawk［ホーク］

たかい1　高い
high［ハイ］（高さが）
tall［トール］（身長などが）

高さ，身長　height

高い山
high mountain

背の高い女の子
a tall girl

high
低い(高さが)
low

tall
低い(身長などが)
short

たかい2　高い（値段が）
expensive［イクスペンスィヴ］

高いドレス
an expensive dress

expensive

安い
cheap

たがいに
each other［イーチ アだ］
one another［ワン アナだ］

たがいに助け合う
help each other

たから　宝
a **treasure**［トれジャ］

宝さがし　treasure hunt

だから
so［ソウ］

雨が降り始めた。だから家にいた。
It began to rain, so we stayed home.

たき　滝
a **waterfall**［ウォータふォール］
falls［ふォールズ］

ナイアガラの滝　the Niagara Falls

だく
hold［ホウルド］（うでに）
hug［ハッグ］（だきしめる）

私の赤ちゃんをだっこしてください。
Hold my baby, please.

▶だいた　**hugged**［ハッグド］

かれらはおたがいにだき合った。
They hugged each other.

one hundred and forty-one　**141**

たくさん(の)
a lot of [アラットヴ]
dozens of [ダズンゾヴ]
many [メニ] (数が)
much [マッチ] (量が)

たくさんの人々
アラットヴ ピープル
a lot of people

たくさんのネコ
メニ キャッツ
many cats

many

たくさんの水
マッチ ウォタ
much water

☞ **おおい2**

少し(の)(数が)
フュー
(a) few

 much

少し(の)(量が)
リトル
(a) little

タクシー
a taxi [タクスィ]
a cab [キャブ]

たけ 竹
(a) bamboo [バンブー]

タケノコ
バンブー シュート
bamboo shoot

竹馬
スティルツ
stilts

だけ …だけ
only [オウンリ]

ユウタとサリーだけがこのことを知っている。
オウンリ ユータ アンサリ ノウでィス
Only Yuta and Sally know this.

たこ1 《おもちゃ》
a kite [カイト]

たこあげをする
フライア カイト
fly a kite

たこ2 《動物》
an octopus [アクトパス]

たしかめる 確かめる
make sure [メイク シュア]

念のために確かめます。
アイヂャスト ワントゥ メイク シュア
I just want to make sure.

たしざん 足し算
addition [アディション]

2足す2は4。
トゥー プラス トゥーイズ フォー
Two plus two is four.

だす　出す
take out［テイク　アウト］（とり出す）
stick out［スティック　アウト］（つき出す）
hand in［ハンド　イン］（提出する）
serve［サ～ヴ］（食事を）

かんからクッキーを出す
テイク クキズ アウトヴ だキャン
take cookies out of the can

舌を出して。
スティック ユアタン アウト
Stick your tongue out.

宿題を出しなさい。
ハンディン ユアホウムワ～ク
Hand in your homework.

朝食を出す
サ～ヴ ブれックふァスト
serve breakfast

たすかる　助かる
be saved［セイヴド］

助かりました。
アイム セイヴド
I'm saved.

大変助かります。
ユーら ビッグ ヘルプ
You're a big help.

たすける1　助ける（救う）
save［セイヴ］

火事から人を助ける
セイヴ だマン ふらムだふァイア
save the man from the fire

たすける2　助ける（手伝う）
☞ てつだう

たずねる1　（聞く）　☞ きく3

たずねる2　訪ねる
visit［ヴィズィット］（訪問する）
call on［コール　アン］（人を）
call at［コール　アット］（場所を）

ユウタがサリーを訪ねる。
ユータ ヴィズィッツ サリ
Yuta visits Sally.

グリーンさんを事務所に訪ねる
コーラン ミスタグリーン アットヒズオーふィス
call on Mr. Green at his office

ただ1 (無料の)
free [ふりー]

これはいくらですか?
How much is this?

—ただです。
It's free.

ただいま
Hello. [ヘロウ]
Hi. [ハイ]

帰ってきたら「ただいま」と言いなさい。
Say "hello" when you get home.

ママ, ただいま。
Hi, Mom. I'm home.

—お帰りなさい, サリー。
Hi, Sally.

ただ2 (単に)
only [オウンリ]

ただのお話だよ。
It's only a story.

たたかい 戦い
a fight [ふァイト]

戦う fight

敵と戦う
fight against the enemy

たたく
clap [クラップ] (手を)
pat [パット] (軽く)
strike [ストライク] (激しく)
hit [ヒット] (激しく)
knock [ナック] (戸などを)

手をたたきましょう。
Clap your hands.

かの女のかたをたたく
pat her on the shoulder

かれの頭をたたく
strike him on the head

ドアをノックする
knock on the door

ただしい1 正しい (正当な)
right [らイト]

君は正しい。
You're right.

ただしい2 正しい (正確な)
correct [コレクト]

正しい答え
a correct answer

たたみ
a tatami mat[タターミー マット]
tatami[タターミー]

たたむ
fold[ふォウルド]
洗濯物をたたむ
fold the laundry

だちょう
an ostrich[アストリッチ]

たつ1　立つ
stand[スタンド]
立ちなさい。
Stand up.

▶立った　stood[ストゥッド]
子どもたちはじっと立った。
The children stood still.

たつ2　(時間が)
pass[パス]
時がたつのは早い。
Time passes quickly.

たっきゅう　卓球
table tennis[テイブル テニス]
ping-pong[ピンパング]

たてぶえ　縦笛
a recorder[ぅリコーダ]

たてもの　建物
a building[ビルディング]

たてる1　立てる
stand[スタンド]
看板を立てる
stand the signboard up

たてる2　建てる
build[ビルド]
家を建てる
build a house

たとえば　例えば
for example[ふォイグザンプル]
私は日本のお寺が好きです。
例えば，東寺や神護寺です。
I like Japanese temples,
for example, To-ji and Jingo-ji.

たな
a shelf[シェルふ]

たなばた　七夕
the Star Festival
[だスター ふェスティヴァル]

one hundred and forty-five　145

たに→たべる

たに　谷
a **valley** [ヴァリ]

たね　種(種子)
a **seed** [スィード]

種をまく　sow

たのしい　楽しい
happy [ハピ] (幸せを感じて)
fun [ファン] (おもしろくて)

●ここちよい(楽しい)　pleasant

楽しいわ。
I'm happy.

たのしみ　楽しみ
(a) **pleasure** [プレジャ]

たのしむ　楽しむ
enjoy [インヂョイ]
have fun [ハヴ ファン]

楽しんでください。
Enjoy yourself.

楽しんで！
Have fun!

たのむ1 (お願いする)
ask [アスク]

ユウタに買い物をたのむ
ask Yuta to go shopping

たのむ時の言葉

ドアを開けてください。
Open the door, please.

ちょっとたのみがあるんだけど。
Will you do me a favor?

ええ，何？
―Sure. What is it?

このバッグ持ってもらえる？
Can you hold this bag for me?

もう一度質問をくり返していただけますか？
Could you repeat the question?

ちょっといいですか？
May I ask you something?

―ええ，何でしょうか？
Yes, what is it?

駅までの道を教えていただけますか？
Would you tell me the way to the station?

―喜んで。
I'd be happy to.

(Would you ..., Could you ...,は，よりていねいな言い方)

たのむ2 (注文する)
order [オーダ]

何をたのむ？
ワットウィルユー オーダ
What will you order?

たばこ (紙巻きの)
a cigarette [スィガれット]

たび 旅 ☞ りょこう

たべる 食べる
eat [イート]
have [ハヴ]

ラーメンを食べる
イート うらーメン
eat ramen

昼ごはんを食べる
ハヴ ランチ
have lunch

ムシャムシャ
マンチマンチ
munch-munch

たぶん
perhaps [パハップス]
maybe [メイビー]
probably [プらバブリ] (強い可能性)

たぶん明日は雨でしょう。
パハップス イットウィルれイン トゥマろウ
Perhaps it will rain tomorrow.

たぶん君が正しい。
メイビー ユーアーらイト
Maybe you are right.

今日の午後はたぶん雨だろう。
イットウィル プらバブリ うれイン ディスアフタヌーン
It will probably rain this afternoon.

たべもの 食べ物
(a) **food** [フード]

外食する dine out
ガイしょく ダインナウト

ケーキが食べたい。
アイワントゥ イート サムケイク
I want to eat some cake.

▶ 食べた **ate** [エイト]

昨日サンドイッチを食べた。
アイエイト サムサンウィッチイズ イェスタデイ
I ate some sandwiches yesterday.

たま→だんし

たま 球, 玉
a **ball** [ボール]

たまご 卵
an **egg** [エッグ]

スクランブルエッグ
スクランブルド エッグズ
scrambled eggs

目玉焼き
ふらイド エッグズ
fried eggs

ゆで卵
ボイルド エッグ
boiled egg

生卵
ラロー エッグ
raw egg

だます
cheat [チート]

人をだましてはいけない。
ドウン チート アだズ
Don't cheat others.

たまに
sometimes [サムタイムズ]

たまに学校に遅刻する。
アイム サムタイムズ レイト フォスクール
I'm sometimes late for school.

☞ ときどき

たまねぎ 玉ねぎ
an **onion** [アニオン]

だまる
be quiet [クワイエット]

だまりなさい！
ビークワイエット
Be quiet!

ため1 (…のため)
for ... [ふォ]

子どものための本
ア ブック ふォ チルドレン
a book for children

ため2 (…の理由で)
because of ... [ビコーゾヴ]

大雪のために学校がなかった。
ウィ ハッド ノウ スクール ビコーゾヴ ヘヴィ スノウ
We had no school because of heavy snow.

だめ1 (苦手だ) ☞ にがてだ

だめ2 (…してはいけない)
Don't ... [ドウント]

今，外に出てはだめ。
ドウント ゴウアウト ナウ
Don't go out now.

ためいき　ため息
a sigh [サイ]

ためる（金を）　☞ちょきんする

たよる
count on [カウント　アン]
depend on [ディペンド　アン]

君をたよりにしてるよ。
I'm counting on you.

だれ（が）
who [フー]

だれ（が）	who （フー）
だれの（もの）	whose （フーズ）
だれを（に）	whom （フーム）

先生はだれですか？
Who is your teacher?

このバッグはだれのですか？
Whose bag is this?

だれか
somebody [サムバディ]
someone [サムワン]

だれかいますか？
Is somebody there?

タレント
a star [スター]

だろう　…だろう
I think ... [アイすィンク]（…だと思う）
will [ウィル]（未来）

かれはそこに行くだろう。
I think he will go there.

明日は雨だろう。
It will rain tomorrow.

たんけん　探検
(an) exploration [エクスプロれイション]

たんご　単語
a word [ワ～ド]

だんご
a dumpling [ダンプリング]

だんし　男子
a boy [ボイ]

たんじょうび　誕生日
birthday［バ～すデイ］

誕生会
バ～すデイ　パーティ
birthday party

バースデーカード
バ～すデイ　カード
birthday card

バースデープレゼント
バ～すデイ　プレずント
birthday present

バースデーケーキ
バ～すデイ　ケイク
birthday cake

たんす
a chest of drawers［チェストヴ　ドろーズ］

ダンス
a dance［ダンス］

だんせい　男性
a man[マン]

● 男性（2人以上）**men**

ダンプカー
a dump truck［ダンプ　トラック］

たんぼ　田んぼ
a rice field［ぅらイス　ふィールド］

たんぽぽ
a dandelion［ダンデライオン］

だんろ　暖炉
a fireplace［ふァイアプレイス］

ち

ち　血
blood［ブラッド］

ちいさい　小さい
small［スモール］（大きさ, 声が）
little[リトル]（大きさが）
low［ロウ］（声が）
young［ヤング］（年が）

大きい（大きさが）
ビッグ
big
ラージ
large

小さい家
アスモール　ハウス
a small house

小さい声
アロウ　ヴォイス
a low voice

大きい（声が）
ラウド
loud

小さい男の子
アヤング　ボイ
a young boy

チーズ
cheese［チーズ］

チーター
a cheetah［チータ］

チーム
a team［ティーム］

ちえ　知恵
wisdom［ウィズダム］

チェス
chess[チェス]

ちか(の) 地下(の)
underground[アンダグラウンド]

地下室 basement

ちかい 近い(きょりが)
near[ニア]
close[クロウス]
近くに close
学校はこの近くです。
The school is near here.

遠い far
a long way
near
close

近くに来て。
Come closer.

ちがう1 (異なる)
be different[ディふァれント]
私の考えはあなたとはちがう。
My idea is different from yours.

ちがう2 (間違っている)
be wrong[うろーング]
その答えはちがいます。
The answer is wrong.

☞ まちがい

ちかてつ 地下鉄
a subway[サブウェイ]

ちから 力
power[パウア]
strength[ストれングす](体力)
ability[アビリティ](能力)

ちきゅう 地球
the earth[でィア～す]

地球儀 globe

チキン (鶏肉)
chicken[チキン]

ちこくする 遅刻する
be late[レイト]
昨日遅刻してしまった。
I was late yesterday.

ちず 地図
a map[マップ](1枚の)
an atlas[アトラス](地図帳)

map

atlas

ちち 父
a father[ふァーだ]

ちぢむ　縮む
shrink［シュリンク］

このセーターは縮まない。
This sweater doesn't shrink.

ちゃ　茶
tea［ティー］

紅茶　　　　緑茶　　　　ウーロン茶
ブラック ティー　グリーン ティー　ウーロング ティー
black tea　green tea　oolong tea

チャーハン
fried rice［ふらイド　うらイス］

チャイム
chimes［チャイムズ］

ちゃいろ(の)　茶色(の)
brown［ブラウン］

ちゃわん　茶わん
a **rice bowl**［うらイス　ボウル］（ごはんの）
a **bowl**［ボウル］（ごはんの）
a **teacup**［ティーカップ］（湯のみ）

rice bowl　　　　teacup
bowl

チャンネル（テレビの)
a **channel**［チャヌル］

ちゅうい　注意
attention［アテンション］（注目）
caution［コーション］（用心）
care［ケア］（用心）

チューインガム
chewing gum［チューイング　ガム］
= **gum**［ガム］

ちゅうがっこう　中学校
a **junior high school**
［ヂューニア　ハイ　スクール］（中学校）
a **secondary school**
［セカンダり　スクール］（中等学校）

中学生　junior high school student
ヂューニア ハイ スクール ステューデント

ちゅうごく　中国
China［チャイナ］

中国人　Chinese
ちゅうごくじん　チャイニーズ

ちゅうしする　中止する
call off［コール　オーふ］
stop［スタップ］

▶ 中止した　**called off**
［コールドーふ］

試合は中止になった。
They called off the game.

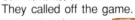

ちゅうしゃじょう　駐車場
a **parking lot**［パーキング　ラット］

ちゅうしょく　昼食
(a) **lunch** [ランチ]

ちゅうしん　中心
the center [だ**セン**タ]

ちゅうもんする　注文する
order [**オー**ダ]

すみません，注文をお願いします。
Excuse me. I'd like to order now.

☞ たのむ2

チューリップ
a **tulip** [**テュー**リップ]

ちょう
a **butterfly** [**バ**タフライ]

butterfly
卵 egg
イモムシ caterpillar
サナギ chrysalis

ちょうじょ　長女
the oldest daughter [で**ィオ**ウルデスト　**ドー**タ]

ちょうじょう　頂上
the top [だ**タッ**プ]

ちょうしょく　朝食
(a) **breakfast** [ブ**レッ**クふァスト]

ちょうちん
a **paper lantern** [ペイパ ランタン]

ちょうど
just [ヂャスト]

ちょうど時間どおり
just in time
[ヂャスティン タイム]

ちょうなん 長男
the oldest son [でィオウルデスト サン]

ちょうほうけい 長方形
a **rectangle** [ぅれクタングル]

ちょうれい 朝礼
a **morning assembly**
[モーニング アセンブリ]

チョーク
chalk [チョーク]

ちょきんする 貯金する
save [セイヴ]

自転車を買うために貯金している。
I'm saving money to buy a bike.
[アイムセイヴィング マニ トゥバイア バイク]

ブタの貯金箱
piggy bank
[ピギ バンク]

チョコレート
chocolate [チャコレット]

ちょっと
just [ヂャスト]

ほんのちょっと
just a little bit
[ヂャスタ リトル ビット]

ちらかす 散らかす（ごみを）
litter [リタ]

ごみを散らかさないで。
Don't litter.
[ドゥント リタ]

ちらかる 散らかる
be messy [メスィ]

部屋が散らかっているわよ。
Your room is messy.
[ユアるーミズ メスィ]

ちりとり
a **dustpan** [ダストパン]

チンパンジー
a **chimpanzee** [チンパンズィー]
= a **chimp** [チンプ]

つ

つえ
a **cane** [ケイン]
a **stick** [スティック]

ついて …について（…に関して）
about [アバウト]
on [アン]
of [オヴ]

家族について話す
アバウト マイ ふァミリ
I talk about my family

つかう 使う
use [ユーズ]（使用する）
spend [スペンド]（ついやす）

トイレを使ってもいいですか？
メイアイ ユーズ ユアバするーム
May I use your bathroom?

いくら使ったの？
ハウマッチ ディデュー スペンド
How much did you spend?

▶ 使った **spent** [スペント]

1000円使った。
アイスペント ワン さウザンド イェン
I spent 1000 yen.

ついていく ついて行く
go with [ゴウ ウィどゥ]

ついて行ってもいい？
キャナイ ゴウ ウィどゥユー
Can I go with you?

つかまえる
catch [キャッチ]

つかまえられるもんなら，つかまえてみろ。
キャッチミー イふユーキャン
Catch me if you can.

▶ つかまえた **caught** [コート]

泥棒をつかまえた。
でイコート だすィーふ
They caught the thief.

ついてくる ついて来る
come with [カム ウィどゥ]

もちろん，ついて来ていいよ。
シュア ユーキャン カム ウィどゥミー
Sure, you can come with me.

つうちひょう 通知表
report card [りポート カード]

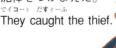

つかまる→つける

つかまる
be caught [コート]

泥棒はつかまった。
The thief was caught.

つかれる
be tired [タイアド]
get tired [ゲット タイアド]

つかれちゃった。
I'm tired.

つかむ
grab [グラッブ]
hold on [ホウルド アン]
catch [キャッチ]

赤ちゃんは何でもつかもうとする。
Babies grab at anything.

つり革をつかむ
hold on to a strap

▶ つかんだ caught [コート]

かれはカエルをつかんだ。
He caught a frog.

つき1　月（天体の）
the moon [ダ ムーン]

三日月
crescent

半月
half moon

満月
full moon

つき2　月（こよみの）
a month [マンす]

先月　last month
今月　this month
来月　next month

1月 January
2月 February
3月 March
4月 April
5月 May
6月 June
7月 July
8月 August
9月 September
10月 October
11月 November
12月 December

156 one hundred and fifty-six

つぎ 次
next [ネクスト]

つく1 着く(場所に)
arrive at [アライヴ アット]
get to [ゲット トゥ]
reach [ぅリーチ]

駅に着く
arrive at the station

つく2 着く(席に)
sit down [スィット ダウン]

席に着いてください。
Please sit down.

つける1
put on [プット アン] (身に)
spread [スプれッド] (ジャムなどをぬる)
keep [キープ] (日記を)

コートにバッジをつける
put the badge on the coat

トーストにバターをつける
spread butter on the toast

つくえ 机
a desk [デスク]

つくる 作る, 造る
make [メイク]

カップケーキを作る
make cupcakes

作った made [メイド]
お母さんはドレスを作ってくれた。
Mother made me a dress.

つけもの
pickles [ピクルズ]

日記をつける
keep a diary

つける→つむ

つける2 （電気・テレビなどを）
turn on [ターン アン]

明かりをつける
turn on the light

turn on

消す
turn off

つたえる 伝える（知らせる）
tell [テル]

サリーにぼくは今から行くって伝えて。
Tell Sally that I'm coming.

つち 土
earth [ア～す]
soil [ソイル]

つづく 続く（けい続する）
continue [コンティニュー]

（次回へ）続く。 To be continued.

▶ 続いた **continued** [コンティニュード]

雨は1週間降り続いた。
The rain continued for one week.

つづける 続ける
go on [ゴウ アン]
keep on [キープ アン]
continue [コンティニュー]

続けてください。
Please go on.

つつむ 包む
wrap [うらップ]

包んで。
Wrap this up.

つづる
spell [スペル]

あなたの名前はどうつづるの？
How do you spell your name?

—Y-U-T-Aです。
Y-U-T-A.

つな 綱
a rope [うロウプ]

綱引きをする have a tug of war

つなぐ1 （結ぶ）
tie [タイ]

ウマを木につなぐ
tie the horse to the tree

つなぐ2 （接続する）
connect ［コネクト］

橋が2つの町をつないでいる。
The bridge connects two towns.

つなぐ3 （手を）
take ［テイク］

手をつなぎなさい。
Take my hand.

つねる
pinch ［ピンチ］

つねらないで。
Don't pinch me.

つまさき　つま先
a **toe** ［トゥ］

つまらない
boring ［ボーリング］
dull ［ダル］

つまらない話
a boring story

boring
dull

おもしろい
interesting
exciting

つみき　積み木
blocks ［ブラックス］

つむ1 （花などを）
pick ［ピック］

花をつむ
pick flowers

つむ2　積む
pile up ［パイル　アップ］

本を積む
pile up books

つの　角
a **horn** ［ホーン］

つば （だ液）
spit ［スピット］

つばき （植物）
a **camellia** ［カミーリア］

つばめ
a **swallow** ［スワロウ］

つぼみ
a **bud** ［バッド］

つめ→で

つめ
a **nail** [ネイル]（人の）
a **claw** [クロー]（鳥・動物などの）

つめたい　冷たい
cold [コウルド]

つめる
fill [フィル]（箱などに物を）
pack [パック]（箱などに物を）
move over [ムーヴ オウヴァ]（席を）

箱にリンゴをつめる
fill the box with apples

バッグに本をつめる
pack the books in a bag

席をつめていただけますか？
Will you move over?

つもり1　…のつもりだ（意図）
mean [ミーン]

そんなつもりじゃなかったんだ。
I didn't mean it.

つもり2　…のつもりだ（予定）
be going to ... [ゴウイングトゥ]

京都を訪ねるつもりです。
I'm going to visit Kyoto.

つゆ　梅雨
the rainy season [だれイニ スィーズン]

つよい　強い
strong [ストローング]

つり1　（魚つり）
fishing [フィシング]

つり2 （つり銭）
change［チェインヂ］

おつりです。
ヒアズ ユアチェインヂ
Here's your change.

つる1 （魚を）
catch［キャッチ］
fish［フィッシュ］

さかな
魚をつる
キャッチ サムフィッシュ
catch some fish

つる2 （植物の）
a vine［ヴァイン］

つる3 鶴
a crane［クレイン］

つれていく 連れていく
take［テイク］

イヌを散歩に連れていく
テイカ ドーグ フォアウォーク
take a dog for a walk

つれてくる 連れてくる
bring［ブリング］

ここにイヌを連れてきて。
ブリング ユアドーグ ヒア
Bring your dog here.

て

て 手
a hand［ハンド］

なかゆび
中指
ミドル フィンガ
middle finger

ひとさ ゆび
人差し指
フォーフィンガ
forefinger

おやゆび
親指
サム
thumb

くすりゆび
薬指
ウリング フィンガ
ring finger

こゆび
小指
リトル フィンガ
little finger

てのひら
パーム
palm

てくび
手首
ウリスト
wrist

で1 …で（場所）
at［アット］
in［イン］

いえ
家で
アットホウム
at home

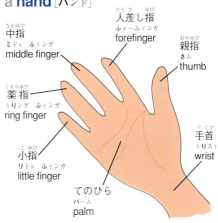

ホテルで
インだホウテル
in the hotel

one hundred and sixty-one **161**

で→てつだう

で2　…で（手段・道具）
by [バイ]
with [ウィドゥ]
in [イン]
on [アン]

バスで旅行する
travel by bus

ペンで書く
write with a pen

英語で書く
write in English

電話で話す
talk on the phone

ティーシャツ
a **T-shirt** [ティーシャ～ト]

ティッシュペーパー
(a) **tissue** [ティシュー]

ていねいな
polite [ポライト]

デート
a **date** [デイト]

デートをする
have a date

テープ
a **tape** [テイプ]

テープレコーダー
tape recorder

テーブル
a **table** [テイブル]

テーブルクロス　tablecloth

でかける　出かける
go out [ゴウ　アウト]（外出する）
leave [リーヴ]（その場を去る）

出かけましょう。
Let's go out.

▶ 出かけた　**left** [レフト]

ユウタは8時に出かけた。
Yuta left home at eight.

サリー，明日動物園に行かない？
Sally, how about going to the zoo tomorrow?

――いいわね。すごく行きたいわ。
That's a good idea. I'd love to go.

よかった。放課後に駅で会おう。
Good. I'll meet you at the station after school.

――いいわよ。明日が楽しみね。
All right. I can't wait until tomorrow.

てがみ 手紙
a **letter** [レタ]

てき 敵
an **enemy** [エネミ]

できる (…することができる)
can [キャン]
be **able to ...** [エイブルトゥ]

スペイン語を話すことができます。
I can speak Spanish.

やったね！ We made it!

▶ できた **could** [クド]

若いころじょうずに泳げた。
I could swim well when I was young.

昨日じょうずに泳げた。
I was able to swim well yesterday.

でぐち 出口
an **exit** [エグズィット]

デザート
(a) **dessert** [ディザ〜ト]

てじな 手品
magic [マヂック]
a **trick** [トリック]

手品師 magician

でしょう …でしょう ☞ だろう

テスト
a **test** [テスト]

てちょう 手帳
a **pocket notebook** [パケット ノウトブック]
a **notebook** [ノウトブック]

てつ 鉄
iron [アイアン]

てつだい 手伝い
help [ヘルプ]

お手伝いしましょうか？
Do you need my help?

てつだう 手伝う
help [ヘルプ]

手伝おうか？
Can I help you?

てつぼう→てんき

てつぼう 鉄棒
a horizontal bar
[ホーリザントル バー]

てっぽう 鉄ぽう
a gun [ガン]

テニス
tennis [テニス]

テニスをする
プレイ テニス
play tennis

では
then [デン]

では，これは何ですか？
ワット イズ イット デン
What is it, then?

デパート
a department store
[ディパートメント ストー]

てぶくろ 手ぶくろ
a glove [グラヴ]
a mitten [ミトン]

(1組の)手ぶくろ
グラヴズ
gloves
ミトンズ
mittens

でも ☞ しかし

てら 寺
a temple [テンプル]

でる1 出る
go out [ゴウ アウト]
get out [ゲット アウト]

部屋を出る
ゴウ アウト ヴ だルーム
go out of the room

でる2 出る（現れる）
appear [アピア]

テレビに出る
アピア アンティーヴィー
appear on TV

でる3 出る（出発する）
leave [リーヴ]

8時に家を出る
リーヴ ホウム アッテイト
leave home at eight

テレビ (受像機)
television [テレヴィジョン]
= **TV** [ティーヴィー]
television set
[テレヴィジョン セット]

テレビ番組　TV program
テレビゲーム　video game
テレビを見る
watch TV

テレビをつける
turn on the TV

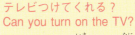
テレビつけてくれる？
Can you turn on the TV?
― いいわよ。今テレビ何やってるの？
All right. What's on TV now?
10チャンネルで野球の試合をやってるんだ。
The baseball game is on Channel 10.

てれる　照れる
feel shy [フィール シャイ]

ぼくはサリーと話す時，照れます。
I feel shy when I talk with Sally.

てん　点
a **score** [スコー] (得点)
a **grade** [グレイド] (評点)

●(小さい)点　dot

満点
a perfect score

よい点をとる
get a good grade

てんき　天気
weather [ウェだ]

天気予報　weather forecast

今日の天気はどうかしら？
How's the weather today?

― おだやかだよ。
It's mild.

晴れの
sunny

雨降りの
rainy

くもりの
cloudy

風の強い
windy

雪の降る
snowy

でんき→どう

でんき1　電気
electricity［イレクトリスィティ］

電気製品　electric appliances（イレクトリック アプライアンスィズ）

電気スタンド　desk lamp（デスク ランプ）

電気毛布　electric blanket（イレクトリック ブランケット）

でんき2　伝記
a biography［バイアグらふィ］

でんきゅう　電球
a light bulb［ライト バルブ］

てんこうする　転校する
change ... school［チェインヂ…スクール］

転校生　transfer student（トランスふァ～ ステューデント）

転校したくない。
I don't want to change my school.
（アイ ドウント ワントゥ チェインヂ マイスクール）

てんごく　天国
heaven［ヘヴン］

でんわ　電話
a telephone［テレふォウン］
= **a phone**［ふォウン］

電話帳　telephone book（テレふォウン ブック）

電話番号　phone number（ふォウン ナンバ）

電話をかける　call（コール）

あとで電話します。
I'll call you later.
（アイル コールユー レイタ）

携帯電話
cellular phone（セリュラ ふォウン）
cell phone（セル ふォウン）

てんし　天使
an angel［エインヂェル］

でんしゃ　電車
a train［トレイン］

新幹線　Shinkansen（シンカンセン）

てんじょう　天井
a ceiling［スィーリング］

でんしレンジ　電子レンジ
a microwave oven［マイクろウェイヴ アヴン］

でんち　電池
a battery［バテり］

テント
a tent［テント］

てんとうむし　てんとう虫
a ladybug［レイディバッグ］

てんぷら　天ぷら
tempura［テンプら］

てんらんかい　展覧会
an exhibition［エクスィビション］

電話に出る
answer the phone（アンサ だふォウン）

電話で話す
talk on the phone（トーク アンだふォウン）

電話を切る
hang up the phone（ハンガップ だふォウン）

と　戸　☞ドア

ど1　度（回数）
a **time**［タイム］

そこには何度も行った。
アイウェント　デア　メニタイムズ
I went there many times.

ど2　度（温度・角度）
a **degree**［ディグリー］

セ氏20度
トウェンティ　ディグリーズ　センティグレイド
20℃ (twenty degrees centigrade)

ドア
a **door**［ドー］

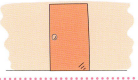

ドイツ
Germany［ヂャ～マニ］

ドイツ人　German
ヂン　ヂャ～マン

トイレ
a **bathroom**［バするーム］（家庭や学校の）
か てい　がっこう

a **rest room**［うれスト　うるーム］（公共の建物の）
きょう　たてもの

トイレを使ってもいいですか？
つか
メイアイ　ユーズ　ユアバするーム
May I use your bathroom?

トイレはどこですか？
ウェアリズ　だレスト　うるーム
Where is the rest room?

トイレットペーパー　toilet paper
トイレット　ペイパ

とう　塔
a **tower**［タウア］

どう1　（どのように）
what［ワット］
how［ハウ］

どうかしたの？
ワッツ　だマタ
What's the matter?

どう，気に入った？
き　い
ハウドゥユー　ライキット
How do you like it?

どう2　銅
bronze［ブロンズ］

銅メダル　bronze medal
どう　ブロンズ　メドル

どういたしまして
You're welcome. ［ユーア ウェルカム］

どういたしましての言葉

ありがとう。（感謝）
Thank you. ［サンキュー］

—どういたしまして。
You're welcome.（一般的な言い方）［ユーア ウェルカム］
My pleasure.（目上の人などに）［マイプレジャ］

ごめんなさい。（謝罪）
I'm sorry. ［アイム サリ］

—どういたしまして。
That's all right. ［ダッツ オール ゥライト］

とうがらし
a red pepper ［ゥレッド ペパ］

どうきゅうせい 同級生
a classmate ［クラスメイト］

どうぐ 道具
a tool ［トゥール］

どうして
why ［ワイ］

どうして行かなきゃいけないの？
Why do I have to go? ［ワイ ドゥアイハフトゥゴウ］

☞ なぜ

どうぞ
please ［プリーズ］

どうぞ、お入りください。
Please come in. ［プリーズ カミン］

とうだい 灯台
a lighthouse ［ライトハウス］

どうとく 道徳
morals ［モーラルズ］

とうばん 当番
a turn ［タ～ン］（順番）
a duty ［デューティ］（義務）

とうひょう 投票
voting ［ヴォウティング］

投票する vote ［ヴォウト］
私に投票して！
Vote for me! ［ヴォウト ふォミー］

とうふ 豆腐
tofu ［トゥふー］

どうぶつ 動物
an animal [アニマル]

動物園 zoo

ゴリラ gorilla
サル monkey
アザラシ seal
クジラ whale
ペンギン penguin
キツネ fox
ジャガー jaguar
カバ hippopotamus
クマ bear
ゾウ elephant
キリン giraffe
ライオン lion
トラ tiger
シマウマ zebra
ラクダ camel

とうもろこし
corn [コーン]

どうよう 童よう
a children's song [チルドレンズ ソーング]

マザーグース Mother Goose
(アメリカやイギリスで古くから歌われてきた童よう)

どうろ 道路
a road [ろウド]

どうわ 童話
a children's story [チルドレンズ ストーり]

おとぎ話 fairy tale [フェアり テイル]

とお(の) 十(の)
ten [テン]

とおい 遠い
far [ふァー]
a long way [アローング ウェイ]

その店はうちからは遠いですよ。
The store is far from my house.

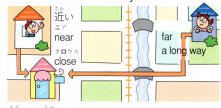

近い near
クロウス close
far
a long way

歩くと遠いですよ。
It's a long way to walk.

トースト
toast [トウスト]

ドーナツ
a doughnut [ドウナット]

とおり 通り
a street [ストリート]

とおる→ところで

とおる 通る
pass through [パス する―]
go through [ゴウ する―]
公園を通る
pass through the park

とかげ
a lizard [リザド]

とかす （髪を）
brush [ブラッシュ] （ブラシで）
comb [コウム] （くしで）
髪をとかしなさい。
Brush your hair.

とき1 時（時間・時点）
time [タイム]
楽しい時を過ごす
have a good time

光陰矢のごとし。（時間は飛ぶように過ぎる）
Time flies.

とき2 時
when [ウェン] （…の時）
while [ワイル] （…の間）
私は小さい時はずかしがり屋でした。
I was shy when I was small.

ユウタはあなたが出かけている時に来た。
Yuta came while you were out.

ときどき 時々
sometimes [サムタイムズ]
かの女は時々帰りがおそい。
She sometimes comes home late.

☞ たまに

とく 解く
solve [サルヴ]
問題を解く
solve the problem

どく 毒
(a) poison [ポイズン]

とくいな 得意な
be good at [グッド アット]
サリーは算数が得意です。
Sally is good at math.

とくてん 得点
a score [スコー]
a point [ポイント]
a grade [グレイド] （テストなどの）

得点を入れる score
3点入れる
score three points

とげ
a **thorn** [ソーン]（バラなどの）
a **splinter** [スプリンタ]（指にささる）

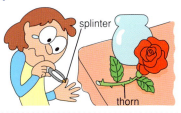

とけい　時計
a **clock** [クラック]（かけ・置き時計）
a **watch** [ワッチ]（うで時計）

チクタク
ティックタック
tick-tock

とける
melt [メルト]
氷は水にとける。
アイス メルツ イントゥウォータ
Ice melts into water.

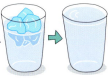

どける
take away [テイク アウェイ]
get out of [ゲット アウトヴ]

それをどけてください。
テイク ダッタウェイ プリーズ
Take that away, please.

岩を道路からどける
ゲッ だラック アウトヴざロウド
get the rock out of the road

どこ
where [ウェア]
ご出身はどこですか？
ウェア アーユーふらム
Where are you from?

どこか
somewhere [サムウェア]
かれは家のどこかにいます。
ヒーイズ サムウェア インだハウス
He is somewhere in the house.

とこや　床屋（人）
a **barber** [バーバ]

理髪店　バーバシャップ
　　　　barbershop

ところ
be ...ing [...イング]（...しているところだ）
be going to ... [ゴウイングトゥ]（...するところだ）

サリーは買い物リストを書いているところです。
サリーズ うらイティンガ シャピング リスト
Sally is writing a shopping list.

サリーは買い物に行くところです。
サリーズ ゴウイングトゥ ゴウ シャピング
Sally is going to go shopping.

ところで
well [ウェル]
by the way [バイだウェイ]

とし→どのくらい

とし1 年
a year [イア]
年の始めに
at the beginning of the year

とし2 年(年齢)
(an) age [エイヂ]
おない年
the same age

とし3 都市
a city [スィティ]

としょかん 図書館
a library [ライブらり]

🔊 32
この本を何日借りられますか？
How long can I keep this book?
——来週の木曜日までです。
Until next Thursday.

ありがとう。
Thank you.

としより 年寄り
elderly people [エるダリ　ピープる]

とじる 閉じる
close [クろウズ]
shut [シャット]
本を閉じる
close the book

ドアを閉じる
shut the door

とだな 戸だな
a cupboard [カボド]

とちゅう 途中
on the way [アンだウェイ]
学校へ行く途中
on the way to the school

どちら （選たく）
which [ウィッチ]
夏と冬のどちらが好きですか？
Which do you like better, summer or winter?

ドッジボール
dodge ball [ダッヂ　ボーる]

どっち ☞どちら

とってくる
go and get [ゴウ アンゲット]
fetch [フェッチ]

棒きれをとってきなさい。
Go and get the stick.

とても
very [ヴェリ] (非常に)
so ... that ...
[ソウ ダット] (とても…なので…)

それはとても重い。
That is very heavy.

ミルクがとても熱いので飲めない。
The milk is so hot that I can't drink it.

となかい
a reindeer [ぅれインディア]

となりの
next [ネクスト]
next-door [ネクストドー] (となりの家の)

どの ☞ どれ

どのくらい
how [ハウ]

どのくらい(身長など)	how tall
どのくらい(高さ)	how high
どのくらい(深さ)	how deep
どのくらい(数)	how many
どのくらい(量)	how much
どのくらい(長さ, 時間)	how long
どのくらい(きょり)	how far

ユウタの身長はどのくらい？
How tall is Yuta?

その池の深さはどのくらい？
How deep is the pond?

どのくらいぼうしを持ってる？
How many caps do you have?

お金はどのくらい残ってる？
How much money is left?

その川の長さはどのくらい？
How long is the river?

🎧 33

家から駅までどのくらいあるの？
How far is it from your house to the station?

—1kmくらいね。
It's about 1km.

じゃあ，そこまでどのくらいかかる？
Then how long does it take you to go there?

—そうね，車で5分くらいかな。
Well, about five minutes by car.

one hundred and seventy-three **173**

とぶ→とり

とぶ1　飛ぶ（空を）
fly［ふライ］
▶ 飛んだ　**flew**［ふルー］

鳥は空高く飛んだ。
The bird flew high up in the sky.

とぶ2　（はねる）
jump［ヂャンプ］

2回とぶ
jump twice

トマト
a tomato［トメイトウ］

トマトジュース　tomato juice

とまる1　止まる
stop［スタップ］

その電車はこの駅に止まります。
The train stops at this station.

とまる2　泊まる
stay［ステイ］

友だちの家に泊まる
stay at my friend's house

とめる1　止める
stop［スタップ］

タクシーを止める
stop a taxi

とめる2　留める
tack［タック］

メモを留める
tack a note

ともだち 友だち
a **friend**［ふれンド］
a **pal**［パル］
a **buddy**［バディ］

遊び友だち　playmate

どようび 土曜日
Saturday［サタディ］

とら
a **tiger**［タイガ］

トライアングル
a **triangle**［トらイアングル］

ドライバー1　（運転手）
a **driver**［ドらイヴァ］

ドライバー2　（ねじ回し）
a **screwdriver**［スクるードらイヴァ］

ドライブ
a **drive**［ドらイヴ］

ドライブする　drive
ドライブに行く
go for a drive

▶ ドライブした　**drove**［ドろウヴ］
川までドライブをした。
We drove to the river.

☞ うんてん

トラクター
a **tractor**［トらクタ］

トラック
a **truck**［トらック］

トランプ
cards［カーズ］

トランプで遊ぶ
play cards

ばばぬき　Old Maid

トランペット
a **trumpet**［トらンペット］

とり 鳥
a **bird**［バ〜ド］

とりかえる　とり替える
change [チェインヂ]

パンクしたタイヤをとり替える
change a flat tire

とりにく　鶏肉
chicken [チキン]

どりょく　努力
an effort [エふォート]

努力する　make an effort
早起きするように努力する
make an effort to get up early

とる1　（手に）
get [ゲット]
take [テイク]

コートをとってください。
Get me the coat, please.

とる2　（つかまえる）
catch [キャッチ]

虫をとる
catch bugs

とる3　（写真を）
take [テイク]

写真をとりましょう。
Let's take a picture.

▶ とった　**took** [トゥック]

ユウタはサリーの写真をとった。
Yuta took a picture of Sally.

比較　「とる」の使い分け

get / take

catch

take

ドル
a dollar [ダラ]

セント（1ドル＝100セント）　cent

ペニー（1セント）　　5セント
penny　　　　　　　nickle

10セント　　　25セント
dime　　　　quarter

どれ
which [ウィッチ]

どれがいちばん好き？
Which do you like best?

トレーナー （服）
a **sweat shirt** [スウェット シャ～ト]

どれくらい ☞ どのくらい

ドレス
a **dress** [ドれス]

どろ
mud [マッド]

どろぼう　泥棒
a **thief** [すィーふ]

どんぐり
an **acorn** [エイコーン]

どんな
any [エニ] （いかなる…でも）
what [ワット] （どのような）

どんなペンでも構いませんよ。
Any pens are all right.

どんな種類の　what kind of
　　　　　　　what sort of

どんな種類のイヌが好きですか？
What kind of dogs do you like?

トンネル
a **tunnel** [タヌル]

とんぼ
a **dragonfly** [ドらゴンふライ]

ない→なく

ない1 …ない
nobody［ノウバディ］（だれも…しない）
do not have［ドゥ ナット ハヴ］（持っていない）
have no［ハヴ ノウ］（持っていない）

だれもいないの？
ノウバディ ホウム
Nobody home?

私はペットを飼っていません。
アイドゥント ハヴ エニ ペッツ
I don't have any pets.
アイハヴ ノウ ペッツ
I have no pets.

ない2 （存在しない）
be not［ナット］
there is not ...［でアリズ ナット］
there are not ...［でアラー ナット］
there is no ...［でアリズ ノウ］
there are no ...［でアラー ノウ］

サリーはここにはいない。
サリイズント ヒア
Sally isn't here.

庭に木がない。
でアーント エニ トゥリーズ インだヤード
There aren't any trees in the yard.

タンクには水が入っていない。
でアリズ ノウ ウォータ インだタンク
There is no water in the tank.

ないしょ 内しょ
a secret［スィークれット］

内しょ話 private talk
ないばなし プらイヴェット トーク

ナイフ
a knife［ナイふ］

なおす 直す（修理する）
fix［ふィックス］
repair［りペア］

おもちゃを直す
ふィックス だトイ
fix the toy

自転車を直す
りペア だバイク
repair the bike

なおる1 直る（修理される）
be fixed［ふィックスト］
be repaired［りペアド］

ぼくのおもちゃが直った。
マイトイイズ ふィックスト
My toy is fixed.

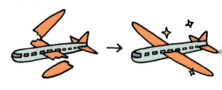

なおる2 治る（病気などが）
get well［ゲット ウェル］

早く治るといいね。
ホウピュー ゲット ウェル スーン
Hope you get well soon.

なか 中
inside ［インサイド］（…の内側）
in ［イン］（…の中に）
into ［イントゥ］（…の中へ）

かばんの中を見せて。
ショウ ミー ワッツ インサイド ユア バッグ
Show me what's inside your bag.

中にコインがいくらか入っています。
デアラー サム コインズ イン ニット
There are some coins in it.

たなの中にもどしなさい。
プット デム バック イントゥ ダ カボド
Put them back into the cupboard.

ながい 長い
long ［ローング］

長さ length

long / 短い short

ながれぼし 流れ星
a shooting star ［シューティング スター］

ながれる 流れる
run ［ゥラン］
flow ［フロウ］

その川は町の中を流れる。
ダ リヴァ ゥランズ スルー ダ タウン
The river runs through the town.

水がゆっくり流れる。
ダ ウォータ フロウズ スロウリ
The water flows slowly.

ながぐつ 長ぐつ
a boot ［ブート］

（1足の）長ぐつ
ブーツ boots

ながし 流し
a sink ［スィンク］

なかなおりする 仲直りする
make up ［メイク アップ］

仲直りをしようよ、ユウタ。
レッツ メイク アップ ユータ
Let's make up, Yuta.

なかま 仲間 ☞ ともだち

なく1 泣く
cry ［クライ］（声を出して）
weep ［ウィープ］（なみだを流して）

赤ちゃんが泣いている。
ダ ベイビィズ クライイング
The baby is crying.

女の子が泣いている。
ダ ガ～リズ ウィーピング
The girl is weeping.

なかよし 仲よし
a good friend ［グッド ふれンド］

仲よくしなさい。
ビー グッド ふれンズ
Be good friends.

仲よくする　メイク ふれンズ make friends

なく2 鳴く （鳥・虫が）
sing ［スィング］

鳥が鳴いている。
ダ バ～ディズ スィンギング
The bird is singing.

なぐさめる→なにも

なぐさめる
comfort [カンふォト]

なぐさめの言葉

残念ですね。
アイム サリ
I'm sorry.

お気の毒に。
ダッツ トゥー バッド
That's too bad.

くよくよしないで。
ドウント ワーリ
Don't worry.

元気出して！
カマン
Come on!

チアラップ
Cheer up!

なくす
lose [ルーズ]

▶ なくした **lost** [ロースト]

財布をなくした。
アイ ロースト マイ パース
I lost my purse.

なし （洋ナシ）
a pear [ペア]

なす
an eggplant [エッグプラント]

なぜ
why [ワイ]

なぜこんなにおくれたの？
ワイ アー ユー ソウ レイト
Why are you so late?

なくなる
be missing [ミスィング]

時計がなくなった。
マイ ワッチィズ ミスィング
My watch is missing.

なぐる
hit [ヒット]
strike [ストライク]

かれの顔をなぐる
ヒット ヒム イン だ フェイス
hit him in the face

なぜなら
because [ビコーズ]

（なぜなら）ねぼうしてしまったからです。
ビコーズ アイ オウヴァスレプト
Because I overslept.

なげる　投げる
throw [すろウ]

ボールを投げる
すろウ だ ボール
throw the ball

なぞ
a mystery [ミステリ]

なぞなぞ
a riddle ［ぅリドル］

アメリカのなぞなぞ

Q1) 6はなぜ7がこわいの？
　ワイズ　スィックス　アふれイドヴ　セヴン
　Why is six afraid of seven?

A1) だって7は9を食べちゃったから。
　ビコーズ　セヴン　エイト　ナイン
　Because seven ate(=eight) nine.
　（ate「食べた」とeight「8」は同じ発音）

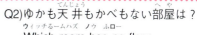

Q2) ゆかも天井もかべもない部屋は？
　ウィッチるーム　ハズ　ノウ　ふロー
　Which room has no floor,
　ノウ　スィーリング　アンノウ　ウォールズ
　no ceiling and no walls?

A2) マッシュルーム。
　アマッシュるーム
　A mushroom.

なつ　夏
summer ［サマ］
夏休み　summer vacation

なっとう　納豆
fermented soybeans
［ふァ～メンテッド　ソイビーンズ］

なな　七
seven ［セヴン］
7番目（の）　seventh

ななじゅう（の）　七十（の）
seventy ［セヴンティ］

ななつ（の）　七つ（の）
seven ［セヴン］

なに　何
what ［ワット］

これは何？
What's this?

何をしているの？
What are you doing?

どうしたの？
What happened?

なにか　何か
something ［サムすィング］
anything ［エニすィング］（疑問文で）

何か食べたい。
I want to eat something.

何かお手伝いできることはありますか？
Is there anything I can help you with?

なにも　何も（何も…ない）
nothing ［ナすィング］
anything ［エニすィング］（否定文で）

何も見えない。
I see nothing.

I can't see anything.

ナプキン→なんでも

ナプキン
a **napkin** [ナプキン]

なふだ 名札
a **name card** [ネイム カード]

なべ
a **pot** [パット]（深い）
a **pan** [パン]（浅い）

なまいきな 生意気な
sassy [サスィ]

なまえ 名前
a **name** [ネイム]

名前 first name
名字 family name

🔊 34

はじめまして。私の名前はサリー。あなたは？
Hi, my name is Sally. What's your name?

— やあ、ぼくはユウタ。
　 Hi, my name is Yuta.

会えてうれしいわ、ユウタ。
Nice to meet you, Yuta.

— ぼくも会えてうれしいよ、サリー。
　 Glad to meet you, too, Sally.

なまの 生の
raw [ぅろー]

さしみ
sliced raw fish

なみ 波
a **wave** [ウェイヴ]

なみだ
tears [ティアズ]

なめる
lick [リック]

切手をなめる
lick a stamp

なやむ
worry [ワ〜り]
be **worried about**
[ワ〜りド アバウト]
☞ しんぱい

ならう 習う
take a lesson [テイク アレスン]
learn [ラ〜ン]

ピアノを習いたい。
I want to take piano lessons.

泳ぎを習う
learn how to swim

ならぶ 並ぶ
line up [ライン アップ]
stand in a line [スタンド インナ ラインズ]

まっすぐ並びなさい。
Line up straight.

5列に並びなさい。
Stand in five lines.

なる1 …になる
be [ビー]
become [ビカム]

パイロットになりたい。
I want to be a pilot.

▶ なった **became** [ビケイム]

医者になった。
She became a doctor.

なる2 鳴る
ring [ゥリング]

電話が鳴っている。
The phone is ringing.

▶ 鳴った **rang** [ゥラング]

かねが鳴った。
The bell rang.

なるほど （相づち）
I see. [アイ スィー]
☞ あいづちをうつ

なわ
a rope [ゥロウプ]

なわとび　jump rope

なんきょく 南極
the South Pole [だ サウス ポウル]

南極大陸　Antarctica

なんて 何て（おどろき）
what [ワット]
how [ハウ]

何てかわいいイヌなの！
What a cute dog!

何てかわいいの！
How cute!

なんでも 何でも（あらゆること）
everything [エヴリスィング]

何でも見える。
I can see everything.

に→にっぽん

に1 …に（場所）
at［アット］（せまい範囲）
in［イン］（広い範囲）

駅に着く
アライヴ アッダステイション
arrive at the station

ニューヨークに着く
アライヴ インニューヨーク
arrive in New York

に2 …に（時）
at［アット］（時間）
on［アン］（日づけ・曜日）
in［イン］（月・年）

10時に
アッテン
at ten

日曜日に
アンサンディ
on Sunday

2003年に
イントゥー サウザンド アンスリー
in 2003

に3 二
two［トゥー］

2番目(の) セカンド
second

2年生 セカンド グレイダ
second grader

にあう
look good［ルック グッド］

ドレスがにあってるよ。
ダドレス ルックス グッド アンニュー
The dress looks good on you.

におい
(a) **smell**［スメル］

におう
smell［スメル］

このバラはあまいにおいがする。
ディスロウズ スメルズ スウィート
This rose smells sweet.

にかい　二階
the second floor［ダセカンド フロー］
upstairs［アップステアズ］

2階に行く
ゴウ アップステアズ
go upstairs

the second floor
upstairs

1階
ダファ～スト フロー
the first floor

にがい 苦い
bitter [ビタ]

にがつ 二月
February [フェブるアり]

にく 肉
meat [ミート]

肉屋(人) butcher
肉屋(店) meat shop

牛肉 beef

ブタ肉 pork

鶏肉 chicken

にがてだ 苦手だ
be not good at [ナット グッド アット]

スポーツは苦手だ。
I'm not good at sports.

にげる
run away [らン アウェイ]
escape [エスケイプ]

ここからにげなさい。
Run away from here.

▶ にげた **escaped** [エスケイプト]

ライオンが動物園からにげた。
The lion escaped from the zoo.

にし 西
west [ウェスト]

にじ
a rainbow [ウれインボウ]

にじゅう(の) 二十(の)
twenty [トウェンティ]

にちようび 日曜日
Sunday [サンディ]

にっき 日記
a diary [ダイアり]

日記をつける
keep a diary

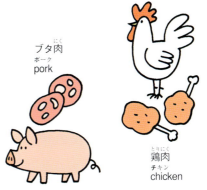

にっぽん 日本
Japan [ヂャパン]

日本人, 日本語 Japanese

にど 二度
twice［トワイス］(2回)
again［アゲン］(再び)

サリーはカナダへ2度行ったことがある。
Sally has been to Canada twice.

二度とやってはいけません。
Never do that again.

にほん 日本 ☞ にっぽん

にもつ 荷物
a **baggage**［バゲッヂ］

にゅうがくする 入学する
enter a school［エンタ アスクール］

入学式　entrance ceremony

ニュージーランド
New Zealand［ニュー ズィーランド］

ニュージーランド人　New Zealander

ニュース
news［ニューズ］

ニュース番組　news program
ニュース速報　news flash

にる1 似る
look like［ルック ライク］

サリーはお母さんに似ている。
Sally looks like her mother.

にる2 煮る
cook［クック］
boil［ボイル］

ジャガイモはよく煮てある。
The potatoes are well-cooked.

ニンジンを煮る
boil some carrots

にわ 庭
a **yard**［ヤード］(家のまわりの)
a **garden**［ガードン］(花や木を植えた)

前庭
front yard

裏庭
backyard

garden

にわとり
a chicken [チキン]

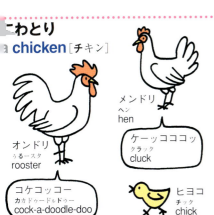

オンドリ
うるースタ
rooster

メンドリ
ヘン
hen

ケーッコココッ
クラック
cluck

コケコッコー
カカドゥードルドゥー
cock-a-doodle-doo

ヒヨコ
チック
chick

にんきのある 人気のある
popular [パピュラ]

サリーは学校で人気がある。
サリーズ パピュラ アットスクール
Sally is popular at school.

にんぎょ 人魚
a mermaid [マ〜メイド]

にんぎょう 人形
a doll [ダル]

人形の家
ダル ハウス
doll house

ぬいぐるみ
スタッフト アニマル
stuffed animal

にんげん 人間
a human being
[ヒューマン ビーイング]

人間の　human
にんげん　ヒューマン

にんじん
a carrot [キャロット]

ぬいぐるみ
a stuffed animal
[スタッフト　アニマル]

クマのぬいぐるみ　teddy bear
テディ ベア

ぬう
sew [ソウ]

パジャマをぬう
ソウ パチャーマズ
sew pajamas

ぬく1 (追いこす)
pass [パス]

▶ぬいた　passed [パスト]

カメはウサギをぬいた。
ダ トータス パスト ダ ヘア
The tortoise passed the hare.

ぬく2 (引きぬく)
pull out [プル　アウト]

その歯をぬく
プル アウト ダ トゥース
pull out the tooth

ぬぐ
take off [テイク オーふ]

くつをぬいでください。
テイコーふ ユアシューズ プリーズ
Take off your shoes, please.

ユウタ, くつをぬがなくていいのよ。
You don't have to take off your shoes, Yuta.

— ほんと？日本では家の中ではくつをぬぐんだよ。
Really? In Japan we take off our shoes in the house.

へえー, 知らなかった。うちでははいてていいわよ。
Oh, I didn't know that. You can wear your shoes in my house.

ぬける1 （とれる）
come out [カム アウト]

▶ ぬけた came out [ケイマウト]

乳歯がぬけた。
だベイビ トゥーす ケイマウト
The baby tooth came out.

ぬける2 （通過する）
go through [ゴウ するー]

トンネルをぬける
ゴウ するーだタヌル
go through the tunnel

ぬすむ
steal [スティール]

ほかの人からぬすんではいけません。
ドウント スティール ふらムアだズ
Don't steal from others.

財布をぬすまれた。
アイハッド マイワレット ストウルン
I had my wallet stolen.

ぬの　布
(a) cloth [クローす]

ぬる
paint [ペイント] （ペンキ・色を）
color [カラ] （ペンキ・色を）
spread [スプれッド] （バターなどを）

かべを白くぬる
ペイント だウォール ワイト
paint the wall white

リンゴを赤くぬる
カラ でイアプル うれッド
color the apple red

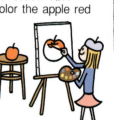

トーストにバターをぬる
スプれッド バタ アンだトウスト
spread butter on the toast

ぬれる
get wet [ゲット ウェット]

▶ ぬれた got wet [ガット ウェット]

雨でぬれた。
アイガット ウェット インだれイン
I got wet in the rain.

ね

ね 根
a **root**［ゥるート］

ねえ
Hey.［ヘイ］
Say.［セイ］
Look.［ルック］

ねえ，サリー。
Say, Sally.

ねがい 願い ☞ きぼう

ねがう 願う
hope［ホウプ］
wish［ウィッシュ］

テストに受かることを願っています。
I hope I can pass the test.

うまくいくことを願っています。
I wish you well.

ねぎ
a **leek**［リーク］

ネクタイ
a **tie**［タイ］

ねこ
a **cat**［キャット］

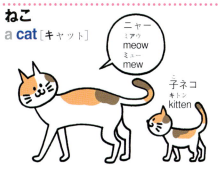

ねずみ
a **mouse**［マウス］（ハツカネズミ）
a **rat**［ゥらット］（ドブネズミなど）

● ハツカネズミ（2ひき以上） mice

ねだん 値段
a **price**［プライス］

ねつ1 熱
heat［ヒート］

ねつ2 熱
(a) **temperature**［テンパらチャ］（体温）
(a) **fever**［フィーヴァ］（病気の）

ネックレス
a necklace [ネックレス]

ねったいぎょ 熱帯魚
a tropical fish
[トゥロピカル フィッシュ]

ねっちゅうする 熱中する
be crazy about
[クれイズィ アバウト]

インターネットに熱中している。
アイムクれイズィ アバウでィンタネット
I'm crazy about the Internet.

ねぼうする
get up late [ゲット アップ レイト]

ユウタは毎朝ねぼうする。
ユウタ ゲッツアップ レイト エヴり モーニング
Yuta gets up late every morning.

ねむい
sleepy [スリーピ]

ねむる ☞ ねる

ねる
sleep [スリープ] (ねむる)
go to bed [ゴウトゥ ベッド] (ベッドに入る)

日曜日はおそくまでねている。
アイスリープ レイト アンサンデイズ
I sleep late on Sundays.

10時にねる。
アイゴウトゥ ベッド アッテン
I go to bed at ten.

▶ ねた slept [スレプト]
ユウタは1日中ねていた。
ユウタ スレプト オール デイ
Yuta slept all day.

ねん 年
a year [イア]

ねんざ
a sprain [スプれイン]

ねんしょうの 年少の
younger [ヤンガ]

ねんちょうの 年長の
older [オウルダ]

ねんど ねん土
clay [クれイ]

ノート
a **notebook**[ノウトブック]

のこぎり
a **saw**[ソウ]

のこぎりで切る　saw

板をのこぎりで切る
saw a board

のうじょう 農場
a **farm**[ふァーム]

農家　**farmhouse**[ふァームハウス]

農夫　**farmer**[ふァーマ]

のこす 残す
save[セイヴ]（とっておく）
leave[リーヴ]（置いていく）

ママにクッキーを残しておく
save some cookies for Mom

机にメモを残す
leave a note on the desk

🔊 36

お代わりは？
How about some more?

――ううん。もうおなかいっぱいだよ。
No, thank you. I've had enough.

豆を残しちゃだめよ。
Don't leave your peas.

――だってお母さん，好きじゃないんだもん。
But I don't like them, Mom.

のこり 残り
the rest[だれスト]

のこる1 残る（い残る）
stay[ステイ]
remain[うりメイン]

ここに残ります。
I will stay here.

のこる2 残る（置いていかれる）
be left[レふト]

子どもはひとりきりで残された。
The child was left alone.

のぞみ 望み　☞ きぼう

ノック
a knock [ナック]

(ノックの音に)どなたですか？
Who is it?
—私, サリーよ。
It's me, Sally.

のど
a throat [すろウト]

のばす1
grow [グろウ]

髪をのばす
grow my hair

のばす2　延ばす(延期する)
put off [プット　オーふ]

会を月曜日まで延ばす
put off the meeting till Monday

 →

のはら　野原
a field [ふィールド]

のびる
grow [グろウ]

▶のびた　**grew** [グるー]

ユウタは背がのびた。
Yuta grew taller.

のぼる1　上る(上の方へ)
go up [ゴウ　アップ]

階段を上る
go up the steps

のぼる2　登る(木や山に)
climb [クライム]

山に登る
climb the mountain

のぼる3　昇る(日が)
rise [らイズ]

太陽は東から昇る。
The sun rises in the east.

のみもの 飲み物
drink［ドリンク］

温かい飲み物 hot drinks
冷たい飲み物 cold drinks

オレンジジュース orange juice
コーラ cola
ソーダ ポップ soda pop
牛乳 milk
お茶 tea
コーヒー coffee
ビール beer
ワイン wine

のむ 飲む
drink［ドリンク］（飲み物を）
take［テイク］（薬を）

何を飲みますか？
What would you like to drink?

―水をください。
I'll have some water, please.

薬を飲む
take the medicine

▶ 飲んだ **drank**［ドランク］
ユウタは牛乳をコップ1ぱい飲んだ。
Yuta drank a glass of milk.

のり1 《食べ物》
nori［ノーり］
dried seaweed
［ドライド スィーウィード］

のり2 《文ぼう具》
glue［グルー］

のりではる paste

のりおくれる 乗りおくれる
miss［ミス］

電車に乗りおくれる
miss the train

one hundred and ninety-three **193**

のりかえる　乗りかえる
change［チェインヂ］

電車を乗りかえる
change trains

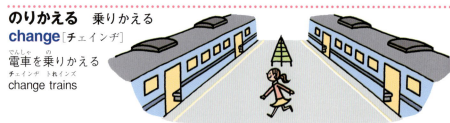

のりもの　乗り物
a vehicle［ヴィーイクル］

- オートバイ　モウタバイク motorbike / モウタサイクル motorcycle
- 飛行機　エアプレイン airplane
- トラック　トゥラック truck
- 自動車　カー car
- ヘリコプター　ヘリカプタ helicopter
- 船　シップ ship
- 地下鉄　サブウェイ subway
- 救急車　アンビュランス ambulance
- パトカー　ポリース カー police car
- ボート　ボウト boat
- うろウボウト rowboat
- バス バス bus
- 自転車　バイク bike
- 消防車　ファイア エンヂン fire engine
- 電車　トレイン train

のる　乗る
get in［ゲット イン］（車に）
get into［ゲット イントゥ］（車に）
get on［ゲット アン］（バス・電車に）
take［テイク］（乗って行く）
ride［うライド］（乗って動かす）

車に乗る　ゲッティンナ カー
get in a car

バスに乗る　ゲッタンナ バス
get on a bus

タクシーに乗って行く　テイカ タクスィ
take a taxi

バイクに乗る　うライダ モウタバイク
ride a motorbike

▶乗った　**took**［トゥック］
　　　　　rode［うロウド］

市場までバスに乗って行った。
アイ トゥッカ バス トゥだマーケット
I took a bus to the market.

昨日自転車に乗った。
アイ うロウダ バイク イェスタディ
I rode a bike yesterday.

比較 「はい」の使い分け

Present.
Here.
Yes.

Yes.

Here you are.
Here it is.

は1 葉
a **leaf** [リーふ]
●葉(2枚以上) **leaves**

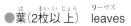

は2 歯
a **tooth** [トゥーす]
●歯(2本以上) **teeth**

歯ブラシ　歯みがき粉
トゥーすブラッシュ　トゥーすペイスト
toothbrush　toothpaste

パーティー
a **party** [パーティ]

ハート
a **heart** [ハート]

ハーモニカ
a **harmonica** [ハーマニカ]

はい1 (出席点呼の返事)
Present. [プれズント]
Here. [ヒア]
Yes. [イェス]

はい2 (問いに対する答え)
yes [イェス]

はい3 (物をわたす時)
Here you are. [ヒアユーアー]
Here it is. [ヒア　イッティズ]

ばい1 倍 (2倍)
twice [トワイス]
double [ダブル]

ばい2 倍 (…倍)
times [タイムズ]

パイ
a **pie** [パイ]

はいいろ(の) 灰色(の)
gray [グれイ]

バイオリン
a **violin** [ヴァイオリン]

ハイキング
hiking [ハイキング]
a **hike** [ハイク]

ハイキングに行く
ゴウ　ハイキング
go hiking
ゴウアンナ　ハイク
go on a hike

バイク ☞ オートバイ

はいしゃ→はくちょう

はいしゃ　歯医者
a **dentist**［デンティスト］

はいたつする　配達する
deliver［ディリヴァ］

ピザを配達する
deliver the pizza

ばいてん　売店
a **stand**［スタンド］
a **kiosk**［キーアスク］

パイナップル
a **pineapple**［パイナプル］

はいゆう　俳優
an **actor**［アクタ］

はいる1　入る（中へ）
come in［カム　イン］
enter［エンタ］

入ってもいいですか？
May I come in?

家に入る
enter the house

はいる2　入る（加入する）
join［ヂョイン］

ユウタはバスケットボールクラブに入る。
Yuta joins the basketball club.

パイロット
a **pilot**［パイロット］

はえ
a **fly**［フライ］

はか　墓
a **grave**［グレイヴ］

ばか
a **fool**［フール］

ばかな　stupid
　　　　dumb

はがき
a **postcard**［ポウストカード］

絵ハガキ　picture postcard

はかせ　博士
a **doctor**［ダクタ］

はかり
a **scale**［スケイル］

ばかり （…したばかり）
just [ヂャスト]

今もどったばかりです。
アイヴ ヂャスト カムバック
I've just come back.

はかる1　測る
measure [メジャ] （長さを）
take [テイク] （温度を）

長さを測る
メジャ だレングす
measure the length

体温を測る
テイク だテンパらチャ
take the temperature

はかる2　量る（重さを）
weigh [ウェイ]

体重を量る
ウェイ マイセルふ
weigh myself

はく1　（口から）
throw up [すろウ アップ] （気分が悪くて）
spit [スピット] （つばを）

はき気がする。
アイふィーらイク すろウインガップ
I feel like throwing up.

つばをはいてはだめ。
ドウント スピット
Don't spit.

はく2　（くつやズボンなどを）
put on [プット アン]

くつ下をはきなさい。
プッタン ユアサックス
Put on your socks.

はく3　（そうじする）
sweep [スウィープ]

ほうきでゆかをはいて。
スウィープ だふロー ウィどゥアブるーム
Sweep the floor with a broom.

はくさい　白菜
a Chinese cabbage [チャイニーズ キャベッヂ]
nappa [ナッパ]

はくしゅ　はく手
clapping [クラピング]

はく手する　clap
　　　　　　クラップ

ユウタに大きなはく手をしましょう。
レッツ ギヴァ ビッグ ハンド トゥユータ
Let's give a big hand to Yuta.

パチパチ
クラップ クラップ
clap clap

はくちょう　白鳥
a swan [スワン]

はくぶつかん　博物館
a **museum**［ミューズィーアム］

はげしい　激しい
heavy［ヘヴィ］
hard［ハード］

激しい雨
a heavy rain

激しい運動
hard exercise

バケツ
a **pail**［ペイル］

ばけもの　化け物
a **monster**［マンスタ］

はこ　箱
a **box**［バックス］

はこぶ　運ぶ
carry［キャリ］

この箱を運んでください。
Carry this box for me.

はさみ
scissors［スィザズ］

はし1　（食事用の）
a **chopstick**［チャップスティック］

（1ぜんの）はし
chopsticks

はし2　橋
a **bridge**［ブリッヂ］

はしご
a **ladder**［ラダ］

はじまる　始まる
start［スタート］
begin［ビギン］

日本では学校は4月に始まります。
Schools start in April in Japan.

アメリカでは学校は9月に始まります。
Schools begin in September in America.

▶ 始まった　**began**［ビギャン］

パーティーは5時に始まった。
The party began at five.

はじめ　初め
the beginning［ダビギニング］

初めに　at the beginning

はじめて　初めて
for the first time
［フォダファ〜ス　タイム］

私は初めて日本をおとずれた。
I visited Japan for the first time.

はじめまして
How do you do?
［ハウ　ドゥユードゥー］

はじめる　始める
start[スタート]
begin[ビギン]

雨が降り始める
start raining

新しいレッスンを始める
begin the new lesson

ばしゃ　馬車
a **carriage**[キャリッヂ]

パジャマ
pajamas[パヂャーマズ]

ばしょ　場所
a **place**[プレイス]（所）
space[スペイス]（空いている空間）

はしら　柱
a **post**[ポウスト]

はしる　走る
run[ゥラン]

学校まで走る
run to school

 走った　**ran**[ゥラン]

家まで走って帰った。
I ran back home.

はす
a **lotus**[ロウタス]

レンコン
lotus root

バス
a **bus**[バス]

バス停
bus stop

はずかしい
shy[シャイ]

はずかしがらないで。
Don't be shy.

バスケット　（かご）
a **basket**[バスケット]

バスケットボール　（スポーツ）
basketball[バスケットボール]

パズル
a **puzzle**[パズル]

パズルを解く
solve a puzzle

パセリ
parsley[パースリ]

はた　旗
a **flag**[フラッグ]

はだ
skin [スキン]

バター
butter [バタ]

はだいろ(の) はだ色(の)
☞ うすだいだいいろ(の)

はだかの
naked [ネイキッド]

はたけ 畑
a field [フィールド]

はだしで
barefoot [ベアフット]

はたらく 働く
work [ワ～ク]

お母さんは事務所で働いています。
Mother works in the office.

はち1 八
eight [エイト]

8番目(の)　eighth

はち2 《虫》
a bee [ビー]

ハチの巣
beehive

bee

女王バチ
queen bee

はちがつ 八月
August [オーガスト]

はちじゅう(の) 八十(の)
eighty [エイティ]

はちみつ
honey [ハニ]

ミツバチ
honeybee

ばつ (ばっ点)
a cross [クロース]

バッグ
a bag [バッグ]

バッジ
a badge [バッヂ]

ばった
a grasshopper [グラスハパ]

はっぱ 葉っぱ　☞ は1

はと
a pigeon [ピヂョン] (大形で灰色の)
a dove [ダヴ] (小形で白い)

dove　クルー croo　pigeon

パトカー
a police car [ポリース　カー]

バドミントン
badminton [バドミントン]

バトン
a **baton** [バタン]

バトントワラー baton twirler

はな1 花
a **flower** [フラウア]
a **blossom** [ブラサム] (果樹の)

花屋(人)　florist
花屋(店)　flower shop

チューリップ
tulip

バラ
rose

ユリ
lily

ダリア
dahlia

ツツジ
azalea

ヒマワリ
sunflower

サクラ
cherry blossoms

はな2 鼻
a **nose** [ノウズ]

鼻血　nosebleed

はなし 話(物語)
a **story** [ストーリ]
a **tale** [テイル]

はなしあう 話し合う
talk about [トーク アバウト]
discuss [ディスカス]

今それについて話し合おう。
Let's talk about it now.

グループになって話し合いなさい。
Discuss in groups.

はなす1 話す(人に)
tell [テル] (伝える)
talk [トーク] (話し合う)

何が起こったか話してちょうだい。
Tell me what happened.

学校のことを話す
talk about school

▶話した　**told** [トウルド]

そのことをかれらに話した。
I told the story to them.

はなす2　話す（外国語などを）
speak［スピーク］

サリーはスペイン語をじょうずに話す。
Sally speaks Spanish well.

▶ 話した　**spoke**［スポウク］

ユウタとサリーは日本語で話した。
Yuta and Sally spoke in Japanese.

バナナ
a **banana**［バナナ］

はなび　花火
fireworks［ファイアワ～クス］

はね　羽
a **wing**［ウィング］（つばさ）
a **feather**［フェだ］（羽毛）

wing　feather

はねる
jump［ヂャンプ］（とび上がる）
hop［ハップ］（片足で）

jump　hop

☞ とぶ2

はは　母
a **mother**［マだ］

パパ
dad［ダッド］
daddy［ダディ］（幼児語）

ハム
ham［ハム］

ハムエッグ
ham and eggs

ハムスター
a **hamster**［ハムスタ］

はやい1　速い
fast［ファスト］（速度が）
quick［クウィック］（動作が）

速く（速度が）　fast
速く（動作が）　quick
足が速い人
a fast runner
速く来て！
Come quick!

fast

おそい（速度が）
slow

はやい2　早い（時間・時期が）
early［ア～リ］

早く（時間・時期が）　early
朝早く
early in the morning

early

おそい（時間・時期が）
late

はやくちことば　早口言葉
a tongue twister［タング　トウィスタ］

アメリカの早口言葉
もしウッドチャックが木を投げられたら、どのくらいの木をウッドチャックは投げるかな？
ハウ マッチ ウッド ウダ ウッドチャック
How much wood would a woodchuck
チャック イファ ウッドチャック クッド チャック
chuck, if a woodchuck could chuck
ウッド
wood?

はやし　林
woods［ウッヅ］

はら　腹
a stomach［スタマック］

ばら　（植物）
a rose［ぅろウズ］

はらう　（お金を）
pay［ペイ］

その本に500円はらう
ペイ ファイヴ ハンドレッド イェン ふぉだ ブック
pay 500 yen for the book

はり　針
a needle［ニードル］（ぬい針）
a hook［フック］（つり針）

needle
hook

はりがね　針金
(a) wire［ワイア］

はる　春
spring［スプリング］

はるやす　スプリング ヴェイケイション
春休み　spring vacation

はれ　晴れ
fine［ファイン］
fair［フェア］

せいてん
晴天
ファイン ウェだ
fine weather

は
晴れのちくもり
フェア でン クラウディ
Fair, then cloudy.

バレエ
ballet［バレイ］

パレード
a parade［パれイド］

ブラスバンド
ブラス バンド
brass band

バトントワラー
バタン トワ〜ラ
baton twirler

バレーボール　（スポーツ）
volleyball［ヴァリボール］

バレンタインデー
Valentine's Day [ヴァレンタインズ デイ]

ハッピーバレンタイン！ Happy Valentine's Day!
私のバレンタインになって！ Be my Valentine!
2月14日 February 14

バレンタインカード
valentine card

ハロウィーン
Halloween [ハロウイーン]

10月31日 October 31

お菓子をくれないといたずらするぞ。 Trick or treat.

万聖節の前夜（10月31日）に行われる祭り。アメリカでは仮装した子どもたちが，"Trick or treat."と言いながら家々をまわりお菓子をもらう。

ジャコランタン（カボチャのランプ）
jack-o'-lantern

衣しょう
costume

はん 班
a group [グループ]

ばん1 晩
evening [イーヴニング]（夕方からねるまで）
night [ナイト]（夜中）

ばん2 番（順番）
a turn [ターン]

🔊 37

だれの番？
Whose turn?

—ぼくの番だ。
It's my turn.

—いや，ぼくの番だ。
No, it's my turn.

じゃあ，ユウタの番にしましょう。
OK, this is Yuta's turn.

パン
bread [ブれッド]

パン屋(店)
ベイカり
bakery

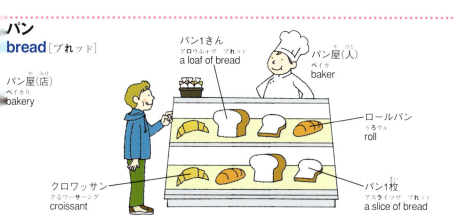

パン1きん
アろウふォヴ ブれッド
a loaf of bread

パン屋(人)
ベイカ
baker

ロールパン
ろウル
roll

クロワッサン
クるワーサーング
croissant

パン1枚
アスらイソヴ ブれッド
a slice of bread

ハンカチ
a handkerchief [ハンカチふ]

ばんごう 番号
a number [ナンバ]

パンジー ☞ さんしょくすみれ

ばんそうこう
a plastic bandage
[プらスティック バンデッヂ]

パンダ
a panda [パンダ]

はんたい1 反対（正反対の）
the opposite [でィアポズィット]

「暑い」の反対は「寒い」です。
でィアポズィットヴ ハッティズ コウるド
The opposite of 'hot' is 'cold'.

はんたい2 反対（異議）
an objection [オブヂェクション]

反対する object
計画に反対する
オブヂェクト トゥだプらン
object to the plan

パンツ1 （ズボン）
pants [パンツ]

短パン shorts

パンツ2 （下着の）
underpants [アンダパンツ]

パンティー panties

ハンドバッグ
a handbag [ハンドバッグ]

ハンドル
a steering wheel
［スティアリング ウィール］（自動車の）
handlebars［ハンドルバーズ］（自転車の）

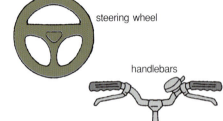

steering wheel

handlebars

ハンバーガー
a hamburger［ハンバ〜ガ］

ハンバーグ
a hamburger steak
［ハンバ〜ガ ステイク］

はんぶん　半分
(a) half［ハふ］

半分に分けたうちの大きい方
だビガ　ハふ
the bigger half

ひ1　日（太陽）
the sun［だサン］

ひ2　日
a date［デイト］（日づけ）
a day［デイ］（曜日）

今日は何日ですか？
ワッツ　だデイ　トゥデイ
What's the date today?

―3月31日です。
イッツ　マ〜チ　さ〜ティ　ふァ〜スト
It's March 31.

今日は何曜日ですか？
ワッ　デイ　イズィットゥデイ
What day is it today?

―木曜日です。
イッツ　さ〜ズデイ
It's Thursday.

ひ3　火
fire［ふァイア］

ピアノ
a piano［ピアノウ］

ピアノをひく
プレイ　だピアノウ
play the piano

ピアニスト
ピアニスト
pianist

ビーだま　ビー玉
a marble［マ〜ブル］

ピーティーエー
PTA［ピーティーエイ］
= **Parent-Teacher Association**
［ペアレント　ティーチャ
アソウシエイション］

ピーナッツ
a **peanut**［ピーナット］

ビーバー
a **beaver**［ビーヴァ］

ひかる　光る
shine［シャイン］
flash［フラッシュ］（ピカッと）
twinkle［トウィンクル］（星が）

金属が光る。
The metal shines.

ひきざん　引き算
subtraction［サブトラクション］

6引く4は2。
Four from six leaves two.
Six minus four equals two.

ひきだし　引き出し
a **drawer**［ドロー］

ひきょうな
not fair［ナット　フェア］

ひきわけ　引き分け
a **draw**［ドロー］

引き分ける　draw

ピーマン
a **green pepper**［グリーン　ペパ］

ビール
beer［ビア］

ピエロ
a **clown**［クラウン］

ひがし　東
east［イースト］

ひかり　光
light［ライト］

かみなりが光る。
Lightning flashes.

星がきらきら光る。
Stars twinkle.

ひく1　引く
pull［プル］（引っ張る）
catch［キャッチ］（かぜを）

ロープを引く
pull a rope

かぜをひく
catch a cold

▶ **ひいた**　**caught**［コート］

お父さんはかぜをひいた。
Father caught a cold.

ひく→ひとつき

ひく2 (演奏する)
play [プレイ]

バイオリンをひく
play the violin

ひくい 低い
low [ロウ] (高さが)
short [ショート] (身長が)

低いさく
a low fence

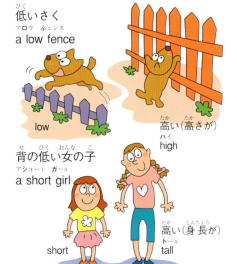

low

背の低い女の子
a short girl

short / tall
高い(高さが) high / 高い(身長が) tall

ピクニック
a **picnic** [ピクニック]

ピクニックに行く
go on a picnic

ひげ (あごひげ)
a **beard** [ビアド]

beard / ひげ(口ひげ) mustache / ひげ(ほおひげ, 動物のひげ) whiskers

ひこうき 飛行機
an **airplane** [エアプレイン]
a **plane** [プレイン]

ひざ
a **knee** [ニー]

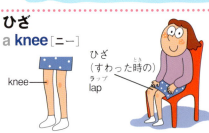

knee / ひざ(すわった時の) lap

ピザ
(a) **pizza** [ピーツァ]

ひじ
an **elbow** [エルボウ]

びじゅつかん 美術館
an **art museum** [アート ミューズィーアム]

ピストル
a **pistol** [ピストル]

ひだり 左
left [レフト]

びっくりする
be surprised [サプらイズド]

びっくりした。
アイワズ サプらイズド
I was surprised.

ひっこし 引っこし
moving [ムーヴィング]

引っこす　move
ひ　　　　ムーヴ

東京からニューヨークに引っこす
トウキョウ　　トゥニューヨーク　ひ
ムーヴ ふらム トウキーオウ トゥニューヨーク
move from Tokyo to New York

ひつじ 羊
a sheep [シープ]

●ヒツジ(2頭以上)　sheep
　トウ いじょう　　シープ
メェー
バー
baa
子ヒツジ
こ
ラム
lamb

ひっぱる 引っ張る ☞ ひく1

ひつようとする 必要とする
need [ニード]

必要な　necessary
ひつよう　ネセサリ

名前を書くのにペンが必要だ。
な まえ か　　　　　　ひつよう
アイ ニーダ ペン トゥらイト マイ ネイム
I need a pen to write my name.

ビデオ
a video [ヴィデオウ]

ビデオデッキ
ヴィースィーアー
VCR
ビデオテープ
ヴィデオウテイプ
videotape

ひと 人
a person [パ～スン] (ひとりの)
people [ピープル] (人々)
　　　　　　　　　ひとびと
a human being
[ヒューマン　ビーイング] (人間)
　　　　　　　　　　　　にんげん

ひとり50円かかる。
　　　　えん
イット コースツ ふぃふティ イェン パ～パ～スン
It costs 50 yen per person.

10人で500円かかる。
　にん　　えん
イット コースツ ふぁイヴ ハンドレッド イェン ふぉテン ピープル
It costs 500 yen for ten people.

ひどい
heavy [ヘヴィ] (風雨が)
　　　　　　　　ふうう
severe [スィヴィア] (激しい)
　　　　　　　　　はげ

ひどい雪
　　　ゆき
ヘヴィ スノウ
heavy snow

ひどい地しん
　　　じ
アスィヴィア ア～すクエイク
a severe earthquake

ひとつ(の)
one [ワン]

ひとつき 一月
a month [アマンす]

ひとり→ひらく

ひとり1
one [ワン]
one person [ワン パ～スン]

ひとり2 (ひとりぼっちで)
alone [アロウン]
今ひとりです。
I'm alone now.

ひなまつり　ひな祭り
the Doll Festival [ダダル フェスティヴァル]

ひまな
free [ふりー]

🔊 38

明日はひま？
Are you free tomorrow?

――ごめんなさい，ユウタ。家族と出かけるの。
No, sorry, Yuta. I'm going out with my family.

気にしなくてもいいよ。宿題を見てもらいたかっただけだから。
Oh, it's OK. I just wanted you to help me with my homework.

ひまわり
a sunflower [サンフラウア]

ひみつ　秘密
a secret [スィークれット]

ひも
a string [ストリング]
a cord [コード] (太い)

ひゃく　百
a hundred [ハンドれッド]

ひょう1　表
a table [テイブル]
a list [リスト]

買い物のリスト
shopping list
- potatoes
- tomatoes
- onions
- eggs
- pepper
- ketchup

時刻表
timetable

ひょう2 《動物》
a **leopard** [レパド]
a **panther** [パンさ] （黒ヒョウ）

leopard　panther

びょう　秒
a **second** [セカンド]

びょういん　病院
a **hospital** [ハスピトル]

びょうき　病気
sickness [スィックネス]
illness [イルネス]

病気の　**sick** [スィック]
　　　　ill [イル]

◎39

具合が悪い時
どこか悪いの？
Is anything wrong?

―気分が悪いんです。熱が少しある
　みたいです。
　Yes, I feel sick. I think I have a
　slight fever.

わかったわ，体温を測ってみましょう。
OK. I'll take your temperature.

―お願いします。
　Thank you.

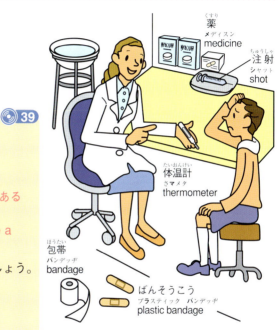
薬　メディスン　medicine
注射　シャット　shot
体温計　サマメタ　thermometer
包帯　バンデッヂ　bandage
ばんそうこう　プラスティック バンデッヂ　plastic bandage

びようし　美容師
a **hairdresser** [ヘアドレサ]

ひょうしき　標識
a **sign** [サイン]

ひよこ
a **chick** [チック]

ピヨピヨ　チープ　cheep

ひらがな
hiragana [ヒラガナ]

ひらく1　開く（花が）　☞ さく1

ひらく2 開く（開ける）
open［オウプン］

教科書の10ページを開いてください。
Open your textbook to page ten.

ひらく3 開く（会を）
give［ギヴ］
hold［ホウルド］

パーティーを開く
give a party

▶ 開いた **held**［ヘルド］

先週，会を開いた。
We held a meeting last week.

びり
the last［ざラスト］

ひる 昼（昼間）
day［デイ］

昼ごはん lunch

ビル
a building［ビルディング］

ひるね 昼寝
a nap［ナップ］

ひろい1 広い（広さが）
big［ビッグ］
large［ラーヂ］

広い校庭
a large playground

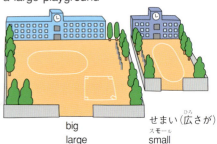

big / large　せまい（広さが）small

ひろい2 広い（はばが）
wide［ワイド］

広い道路
a wide road

wide　せまい（はばが）narrow

ひろう 拾う
pick up［ピック アップ］

ごみを拾う
pick up litter

ひろば　広場
a **square**［スクウェア］(町の)
open space［オウプン　スペイス］(空き地)

square

open space

びん
a **bottle**［バトル］

ピン
a **pin**［ピン］

pin

ヘアピン
hairpin

ピンク(の)
pink［ピンク］

ヒント
a **hint**［ヒント］
a **clue**［クルー］

ヒントをちょうだい。
Give me a hint.

びんぼうな　貧ぼうな
poor［プア］

ピンポン　☞たっきゅう

フィルム
(a) **film**［フィルム］

ふうせん　風船
a **balloon**［バルーン］

ふうとう
an **envelope**［エンヴェロウプ］

プール
a **swimming pool**［スウィミング　プール］

ふえ　笛
a **whistle**［ウィスル］(ホイッスル，口笛)
a **recorder**［ゥリコーダ］(縦笛)
a **flute**［フルート］(横笛)

フェリー
a **ferry boat**［フェリ　ボウト］

ふえる　増える
increase［インクリース］(数が)
gain［ゲイン］(体重などが)

人口が増えている。
The population is increasing.

体重が増えている。
I'm gaining weight.

フォーク
a **fork**［フォーク］

ふかい 深い
deep [ディープ]

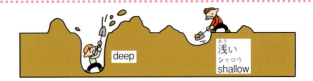

ふく1 (口で)
blow [ブロウ]

トランペットをふく
ブロウア トランペット
blow a trumpet

ふく2 (ふきとる)
wipe [ワイプ]

手をふきなさい。
ワイプ ユアハンズ
Wipe your hands.

ふく3 服 (衣服)
clothes [クロウズ]

シャツ / シャート / shirt

ジーンズ / チーンズ / jeans

ブラウス / ブラウス / blouse

スウェットシャツ / スウェット シャート / sweat shirt

スウェットパンツ / スウェット パンツ / sweat pants

Tシャツ / ティーシャート / T-shirt

短パン / ショーツ / shorts

くつ下 / サックス / socks

ベスト / ヴェスト / vest

ズボン / パンツ / pants

スカート / スカート / skirt

コート / コウト / coat

ドレス / ドれス / dress

セーター / スウェタ / sweater

パジャマ / パヂャーマズ / pajamas

下着 / アンダウェア / underwear

ネクタイ / タイ / tie

ジャケット / チャケット / jacket

スーツ / スート / suit

レインコート / れインコウト / raincoat

ふぐ （魚）
a blowfish［ブロウふィッシュ］

ふくしゅう 復習
(a) review［うリヴュー］
復習する review
授業の復習をする
review the lesson

ふくろ
a bag［バッグ］

ふくろう
an owl［アウル］

ふざける
joke［ヂョウク］（じょうだんを言う）
make fun of［メイク ファンノヴ］（からかう）

ふざけたことは言わないで。
Stop joking.

ふざけないで。
Don't make fun of me.

ふしぎ 不思議
(a) wonder［ワンダ］

ふた
a lid［リッド］（箱などの）
a cap［キャップ］（びんなどの）

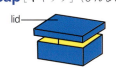

ぶた
a pig［ピッグ］

ふたご ふた子
twins［トウィンズ］

ふたつ(の) 二つ(の)
two［トゥー］

ぶたにく ぶた肉
pork［ポーク］

ふたり 二人
two people［トゥー ピープル］

ぶつ ☞ なぐる

ふで 筆
a writing brush
［うライティング ブラッシュ］（書道の）
a paint brush［ペイント ブらッシュ］
（絵筆）

writing brush　　paint brush

ふとい 太い
thick［すィック］

thick
細い
すィン
thin

ぶどう
a grape［グれイプ］
（1ふさの）ぶどう
グれイプス
grapes

ふとる→プレゼント

ふとる 太る
gain［ゲイン］

太っている　fat
3kg太る
gain 3kg

ふね 船
a **ship**［シップ］（大型の）
a **boat**［ボウト］（小型の）

ship　　　　　　　　boat

ふぶき 吹雪
a **snowstorm**［スノウストーム］

ふみきり
a **railroad crossing**
［れイルろウド　クろースィング］

ふむ
step［ステップ］（軽く）
stamp［スタンプ］（ドスンと）

痛っ！ぼくの足をふんだよ！
Ouch! You stepped on my foot!

足をふみ鳴らして。
Stamp your feet.

ふゆ 冬
winter［ウィンタ］

冬休み　winter vacation

フライ （食べ物）
fried food［ふらイド　ふ～ド］

油であげる　deep-fry

フライドポテト
French fries

フライドチキン
fried chicken

フライパン
a **frying pan**［ふらイイング　パン］

ブラウス
a **blouse**［ブらウズ］

ブラシ
a **brush**［ブらッシュ］

歯ブラシ
toothbrush　　　　ヘアブラシ
　　　　　　　　　hairbrush

ブラジル
Brazil［ブらズィル］

ブラジル人　Brazilian

プラスチック
(a) **plastic**［プラスティック］

ぶらんこ
a **swing**［スウィング］

ブランコに乗る
swing on the swing

フランス
France［ふらンス］

フランス人　French

プリン
(a) custard pudding
［カスタド　プディング］

ふる1　振る
shake［シェイク］（ゆする）
wave［ウェイヴ］（手などを）

首を横に振る
シェイク　マイヘッド
shake my head

手を振る
ウェイヴ　マイハンド
wave my hand

ふる2　降る
rain［ぅれイン］（雨が）
snow［スノウ］（雪が）

雨が降っている。
イッツれイニング
It's raining.

雪が降っている。
イッツスノウイング
It's snowing.

ふるい　古い
old［オウルド］

古いコート
アンオウルド　コウト
an old coat

 old

新しい
ニュー
new

中古車　　ユーズド　カー
　　　　used car

フルーツ　☞ くだもの

フルート
a flute［ふルート］

ふるさと
(a) home［ホウム］
a hometown［ホウムタウン］

ブレーキ
a brake［ブれイク］

プレゼント
a present［プれズント］

ふろ 風呂
a **bath** [バす]

風呂場（浴室） bathroom

アメリカの風呂は，トイレといっしょになっている。

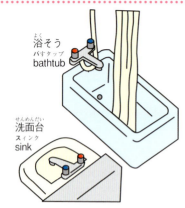
浴そう
バすタップ
bathtub

便器
トイレット
toilet

洗面台
スィンク
sink

ブローチ
a **brooch** [ブろウチ]

プロの
professional [プろフェショヌル]

プロ野球
プろフェショヌル ベイスボール
professional baseball

ふん 分
a **minute** [ミニット]

ぶんか 文化
culture [カルチャ]

ぶんしょう 文章
a **sentence** [センテンス]

ふんすい ふん水
a **fountain** [ファウンテン]

ぶんすう 分数
a **fraction** [ふらクション]

ぶんぼうぐ 文ぼう具
stationery [ステイショネり]

文ぼう具屋　stationery store

電たく
キャルキュレイタ
calculator

ホッチキス
ステイプラ
stapler

鉛筆
ペンスル
pencil

消しゴム
イれイサ
eraser

定規
うるーラ
ruler

はさみ
スィザズ
scissors

鉛筆けずり
ペンスル シャープナ
pencil sharpener

ノート
ノウトブック
notebook

ペア
a **pair** [ペア]

へい
a **wall** [ウォール]（かべ）
a **fence** [フェンス]（木や針金などの）

wall

fence

へいたい　兵隊
a **soldier** [ソウルヂャ]

へいわ　平和
peace [ピース]
平和な　peaceful

ベーコン
bacon [ベイコン]

ページ
a **page** [ペイヂ]

べき　（…するべき）
should [シュッド]
must [マスト]

ほかの人の話を聞くべきだよ。
You should listen to others.

へそ
a **navel** [ネイヴル]
a **belly button** [ベリ　バトン]

へたな
poor [プア]
bad [バッド]

私は泳ぐのがへたです。
I'm a poor swimmer.

poor
bad
じょうずな
good

ベッド
a **bed** [ベッド]

ペット
a **pet** [ペット]

ペットショップ　pet shop

へび
a **snake** [スネイク]

へや　部屋
a **room** [ルーム]

6じょうの部屋
a six-mat room

ヘリコプター→ほうこう

ヘリコプター
a **helicopter** [ヘリカプタ]

へる　減る
decrease [ディクリース]（数や量が）
get hungry [ゲット　ハングリ]（おなかが）

お客さんの数が減った。
The number of visitors has decreased.

ベル
a **bell** [ベル]

ベルト
a **belt** [ベルト]

ヘルメット
a **helmet** [ヘルメット]

ペン
a **pen** [ペン]

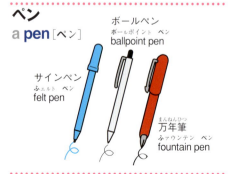

サインペン
felt pen

ボールペン
ballpoint pen

万年筆
fountain pen

ペンキ
house paint [ハウス　ペイント]

べんきょう　勉強
study [スタディ]
work [ワーク]

勉強する　study
　　　　　work

テストのために勉強する。
study for the test

もっと勉強しなさい。
Work harder.

ペンギン
a **penguin** [ペングウィン]

べんごし　弁護士
a **lawyer** [ローヤ]

へんじ　返事
an **answer** [アンサ]
a **reply** [りプライ]

返事する　answer
　　　　　reply

電話に出る
answer the phone

手紙に返事を出す
reply to the letter

ベンチ
a bench [ベンチ]

べんとう 弁当
a lunch [ランチ]

弁当箱 lunch box
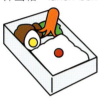

へんな 変な
strange [ストれインヂ]
weird [ウィアド]

それは変だ。
That's strange.

べんりな 便利な
convenient [コンヴィーニャント] (都合がよい)
handy [ハンディ] (手ごろな)

コンビニエンスストア
convenience store

便利な道具
a handy tool

ほいくえん 保育園
a nursery school [ナ〜スリ スクール]

ぼう 棒
a stick [スティック] (棒きれ)
a pole [ポウル] (木や金属などの)

ぼうえんきょう 望遠鏡
a telescope [テレスコウプ]

ほうかご 放課後
after school [アふタ スクール]

ほうき
a broom [ブルーム]

ぼうけん ぼう険
(an) adventure [アドヴェンチャ]

ほうこう 方向
a direction [ディれクション]
a way [ウェイ]

方向音ちです。
I have no sense of direction.

方向がわからない。
I can't find my way.

ぼうし
a **cap**［キャップ］（ふちのない）
a **hat**［ハット］（ふちのある）

cap

hat

ぼうず （僧）
a **monk**［マンク］
a **priest**［プリースト］

ほうせき 宝石
a **jewel**［ヂューエル］

宝石箱 jewelry box

ほうそう 放送
broadcasting
［ブろードキャスティング］

放送する broadcast
放送中 on air
テレビ局 TV station

ほうたい 包帯
a **bandage**［バンデッヂ］

ほうちょう 包丁
a **kitchen knife**［キチン ナイふ］

ほうび
a **prize**［プらイズ］（賞）
a **reward**［りウォード］（報しゅう）

ほうほう 方法
a **way**［ウェイ］（やり方）
a **method**［メソッド］（方式）

はしを使う方法を教えて。
Teach me the way to use chopsticks.

新しい教育方法
the new teaching methods

ボウリング
bowling［ボウリング］

ほうれんそう
spinach［スピナッチ］

ほえる
bark［バーク］（イヌが）
roar［ぅろー］（ライオンなどが）

ワンワン！
woof-woof!

ガオー！
rrroar!

ほお
a **cheek**［チーク］

ホース
a **hose**［ホウズ］

ボート
a **boat** [ボウト]
a **rowboat** [ロウボウト]

ボートをこぐ
row a boat

モーターボート　motorboat

ボール
a **ball** [ボール]

ぼく
☞ わたし(は)

ぼくじょう　牧場
a **ranch** [ランチ]

ほし　星
a **star** [スター]
☞ せいざ, わくせい

彗星
comet

北極星
the North Star

流れ星
shooting star

ほしい
want [ワント]
would like [ウッド ライク] (ていねいな言い方)

あめをたくさんほしい。
I want lots of candy.

温かい飲み物をいただきたい。
I'd like something hot to drink.

ほしぶどう　干しぶどう
a **raisin** [レイズン]

ボクシング
boxing [バクスィング]

ポケット
a **pocket** [パケット]

ほけんしつ　保健室
a **nurse's office** [ナ〜スィズ オーふィス]

ほこり
pride [プライド]

ほこる　(be) proud

あなたのことをほこりに思います。
I'm proud of you.

ほす　干す
hang out [ハング アウト]

洗濯物を干す
hang out the laundry

ポスター
a **poster** [ポウスタ]

ポスト
a **mailbox** [メイルバックス]

ほそい　細い
thin ［ｽィン］

thin

ふと
太い
すィック
thick

ほたる
a firefly ［ファイアふライ］

ボタン
a button ［バトン］

ほっきょく　北極
the North Pole ［だノーす　ポウル］

ほっきょくちほう　でィアークティック
北極地方　the Arctic

ほっきょくせい
北極星
だノーす　スター
the North Star

ホッキョクグマ
ポウラ　ベア
polar bear

ホッチキス
a stapler ［ステイプラ］

ポット　（紅茶などの）
こうちゃ
a pot ［パット］

ほめる
praise ［プれイズ］

こ
子どもをほめる
プれイザ　チャイるド
praise a child

ほめる時の言葉
とき　ことば

よくできました。
ウェる　ダン
Well done.
グッ　チャブ
Good job.

ホットケーキ
a pancake ［パンケイク］

ホットドッグ
a hot dog ［ハット　ドーグ］

ポップコーン
popcorn ［パップコーン］

ポテト
a potato ［ポテイトウ］

ポテトチップ
ポテイトウ　チップス
potato chips

フライドポテト
ふれンチ　ふらイズ
French fries

ホテル
a hotel ［ホウテる］

ほとんど
almost ［オーるモウスト］
nearly ［ニアリ］

もうほとんど終わりです。
お
アイム　オーるモウス　ダン
I'm almost done.

ほね　骨
a bone ［ボウン］

すばらしい。
ワンダふる
Wonderful.
テリふィック
Terrific.

すてきなバッグですね。
アイ　らイク　ユア　バッグ
I like your bag.

ボランティア (人)
a volunteer [ヴァランティア]

ボランティア活動　volunteer work

ほる1 (穴などを)
dig [ディッグ]

穴をほる
dig a hole

ほる2 (ちょう刻などを)
carve [カーヴ]

カボチャをほる
carve a pumpkin

比較　「ほる」の使い分け

dig

carve

ほん　本
a book [ブック]

本だな　bookshelf
本屋　bookstore

ほんきの　本気の
serious [スィりアス]

ほんとう　本当
truth [トるーす]

本当の(真実の)　true
本当の(実際の)　real
本当に　really

本当のことを教えてください。
Tell me the truth.

それが本当の話です。
That's the true story.

本当に家に帰りたいの？
Do you really want to go home?

まあ
Oh! [オウ]
My! [マイ]
Wow! [ワウ]

マーガリン
margarine [マーヂャリン]

マーク
a mark [マーク]

びっくりマーク(感嘆符)
エクスクラメイション マーク
exclamation mark

クエスチョンマーク(疑問符)
クウェスチョン マーク
question mark

マーケット （市場）
a market [マーケット]

まい1 　毎
every [エヴり]

毎日　every day
毎週　every week
毎月　every month
毎年　every year

まい2 　枚
a **sheet of** [シート　オヴ]
a **piece of** [ピース　オヴ]

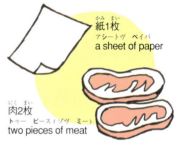

紙1枚
ア シートヴ ペイパ
a sheet of paper

肉2枚
トゥー ピースィズヴ ミート
two pieces of meat

マイク
a **microphone** [マイクろフォウン]

まいご　迷子
a **lost child** [ロースト　チャイルド]

まえ1　前（場所）
front [ふラント]

…の前に　in front of
家の前に
in front of the house

家の後ろに
at the back of the house

in front of the house

まえ2　前（時間）
ago [アゴウ] （今から…前に）
before [ビフォー] （…する前に）

10年前
テン ニアズ アゴウ
ten years ago

テストの前
ビフォーだ テスト
before the test

まかせる　任せる
leave［リーヴ］
私に任せてください。
リーヴィット トゥミー
Leave it to me.

まがる　曲がる（道を）
turn［ターン］
右に曲がって。
ターン ウライト
Turn right.

まきば　牧場
(a) **meadow**［メドウ］

まく1　巻く
roll［ゥロウル］（丸める）
wind［ワインド］（くるくる回す）
しき物を巻く
ゥロウラップ ダラッグ
roll up the rug

カセットを巻きもどす
ワイン ダカセット バック
wind the cassette back
ゥリワイン ダカセット
rewind the cassette

まく2　（種を）
sow［ソウ］
種をまく
ソウ スィーヅ
sow seeds

まく3　（水を）
water［ウォータ］
庭に水をまく
ウォータ ダガードン
water the garden

まくら
a **pillow**［ピロウ］

まぐろ
a **tuna**［テューナ］

まける　負ける
lose［ルーズ］
試合に負ける
ルーズ ダゲイム
lose the game

まげる　曲げる
bend［ベンド］

針金を曲げる
bend the wire

まご　孫
a grandchild［グランチャイルド］

孫むすめ　　granddaughter
孫息子　　　grandson

マジック　（手品）
magic［マヂック］

手品師　　magician

まじめな
serious［スィリアス］

まじめに言ってるの？
Are you serious?

まじょ　魔女
a witch［ウィッチ］

まずい　（味が）
not good［ナット　グッド］

うっ！これはまずい。
Yuck! This doesn't taste good.

まずい。
Yuck.

まずしい　貧しい
poor［プア］

まぜる　混ぜる
mix［ミックス］

卵と牛乳を混ぜる
mix eggs and milk

また1　（再び）
again［アゲン］

またね。
See you again.

また2　（…もまた）　☞も

まだ1　（いまだに）
yet［イェット］

まだ終わっていません。
I haven't finished yet.

まだ2　（今もずっと）
still［スティル］

まだ食べているところです。
I'm still eating.

まち 町
a **town** [タウン]

まちがい 間違い
a **mistake** [ミステイク]

間違える　make a mistake
間違った　wrong

電話番号の間違いですよ。
You've got the wrong number.

▶ 間違えた　**made a mistake** [メイダ　ミステイク]

間違えました。
I made a mistake.

まつ1　待つ（人・順番などを）
wait for [ウェイト　フォ]

● (電話で)待つ　hold on
待たせる　keep waiting

バスを待つ
wait for the bus

🔊 40

ユウタ、ごめん。おくれちゃった。
Yuta, sorry, I'm late.

—やっと来たね、サリー。
Oh, there you are, Sally.

待たせてごめんなさい。
I'm sorry to have kept you waiting.

—だいじょうぶだよ。
That's all right.

まつ2　待つ（楽しみにして）
look forward to [ルック　ふォーワド　トゥ]

お会いするのを楽しみに待っています。
I'm looking forward to seeing you.

まつ3　松
a **pine tree** [パイン　トリー]

松かさ　pinecone

まっすぐな
straight [ストれイト]

まっすぐに　straight
まっすぐな髪　straight hair
まっすぐに進む　go straight

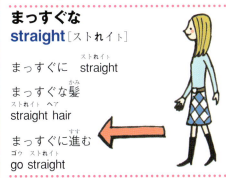

マッチ
a **match** [マッチ]

まつり 祭り
a **festival** [ふェスティヴァル]

まで　…まで
till [ティル]（時間）（…までずっと）
until [アンティル]（時間）（…までずっと）
by [バイ]（時間）（…までに）
to [トゥ]（場所）

5時まで遊ぶ
play till five

5時までに家に帰る
come home by five

ここから学校まで
from here to the school

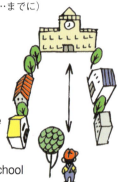

まど　窓
a window [ウィンドウ]

まないた　まな板
a cutting board [カティング　ボード]

まにあう　間に合う
be in time [インタイム]

間に合った。
I was in time.

まね
(an) imitation [イミテイション]

まねる　imitate [イミテイト]
　　　　mimic [ミミック]

他人のまねがうまい
good at imitating others

マフラー
a scarf [スカーふ]

まほう　魔法
magic [マヂック]

魔女　witch
（男の）魔法使い　wizard

ママ
mom [マム]
mommy [マミ]（幼児語）

ままごと
playing house [プレイング　ハウス]

ままごとをする　play house

まめ　豆
a pea [ピー]（エンドウマメなど）
a bean [ビーン]（ソラマメなど）

グリーンピース　green peas
サヤインゲン　string beans

まもる1　守る（保護する）
protect [プロテクト]

絶滅危機の動物を守る
protect endangered animals

まもる2　守る（約束などを）
keep［キープ］
約束は守りなさい。
Keep your promise.

まよう　迷う（道に）
get lost［ゲット　ロースト］
▶ 迷った　**got lost**［ガット　ロースト］
迷ってしまった。
I got lost.

🔊 41

どうやら道に迷ったみたい。
I'm afraid we got lost.
—急がなくちゃ，おくれちゃうよ。
We've got to hurry, or we'll be late.
わかってるけど，このあたりは全然わからないの。
I know, but I'm a total stranger here.
—じゃあ，あそこの女の人に道を聞こうよ。
Then let's ask that lady over there.

マヨネーズ
mayonnaise［メイオネイズ］

マラソン
a marathon race［マらソン　うれイス］

まる　丸
a circle［サ〜クル］

まるい　丸い
round［うらウンド］

まわす1　回す
turn［タ〜ン］（回転させる）
spin［スピン］（コマなどを）

ドアノブを回す
turn the doorknob

コマを回す
spin a top

まわす2　回す（順に送る）
pass［パス］
砂糖を回してください。
Pass me the sugar, please.

まわりに
around［アらウンド］
まわりを見なさい。
Look around.

まん 万
ten thousand [テン　サウザンド]

まんが
a cartoon [カートゥーン]（1こまの）
a comic book [カミック　ブック]（マンガの本）

マンゴー
a mango [マンゴウ]

まんじゅう
a steamed bun [スティームド　バン]

マンション
an apartment house [アパートメント　ハウス]

大てい宅　mansion

マント
a cape [ケイプ]

まんなか 真ん中
the center [だセンタ]
the middle [だミドル]

マンホール
a manhole [マンホウル]

マンモス
a mammoth [マモす]

み 実
(a) fruit [ふるート]（果実）
a nut [ナット]（木の実）
a berry [べり]（イチゴなど）

みえる1　見える（見ることができる）
see [スィー]
can see [キャン　スィー]

星が見える。
I can see the stars.

☞みる

みえる2　見える（外見が）
look [ルック]

サリーは幸せそうに見える。
Sally looks happy.

みおくる 見送る
see off [スィー オーふ]
空港でかれを見送る。
I'll see him off at the airport.

みがく
brush [ブラッシュ]（ブラシで）
polish [パリッシュ]（光らせる）
歯をみがきなさい。
Brush your teeth.

くつをみがきなさい。
Polish your shoes.

みかた 味方
a **friend** [ふれンド]
味方する (be) on ... side
君の味方だよ。
I'm on your side.

みかん
a **mandarin orange**
[マンダリン オーれンヂ]

みき 幹（木の）
a **trunk** [トランク]

みぎ 右
right [ゥらイト]

みごとな ☞ すごい

みじかい 短い
short [ショート]

short

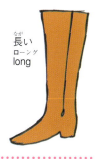
長い
ローング
long

ミシン
a **sewing machine**
[ソウイング マシーン]

みず 水
water [ウォータ]
水 cold water
湯 hot water

みずいろ(の) 水色(の)
light blue [ライト ブルー]

みずうみ 湖
a **lake** [れイク]

みずぎ 水着
a **swimsuit** [スウィムスート]

みせ　店
a **store** [ストー]
a **shop** [シャップ]

コンビニエンスストア
コンヴィーニャンス ストー
convenience store

食料品店
グロウサリ ストー
grocery store

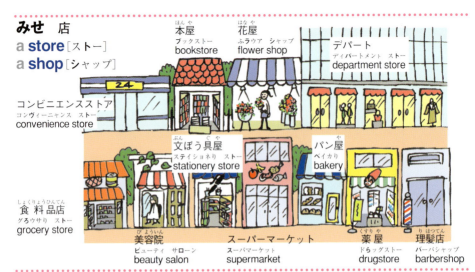

本屋　ブックストー　bookstore
花屋　フラウア シャップ　flower shop
デパート　ディパートメント ストー　department store
文ぼう具屋　ステイショネリ ストー　stationery store
パン屋　ベイカリ　bakery
美容院　ビューティ サロー ン　beauty salon
スーパーマーケット　スーパーマーケット　supermarket
薬屋　ドラッグストー　drugstore
理髪店　バーバシャップ　barbershop

みせる　見せる
show [ショウ]

パスポートを見せてください。
ショウミー ユアパスポート プリーズ
Show me your passport, please.

みそ
miso [ミーソウ]

みそ汁　ミーソウ スープ　miso soup

みぞれ
sleet [スリート]

みち　道
a **road** [ろウド]（道路）
a **street** [ストリート]（通り）
a **way** [ウェイ]（…への道）

広い道
アワイド ろウド
a wide road

道の向こう
アクろース ダストリート
across the street

駅に行く道
ダウェイ トゥダステイション
the way to the station

みつける　見つける
find [ファインド]

片方のくつ下を見つけてください。
ファインド マイサック プリーズ
Find my sock, please.

▶見つけた　**found** [ファウンド]

かぎを見つけた。
アイファウンド マイキー
I found my key.

みっつ(の)　三つ(の)
three［すりー］

みどり(の)　緑(の)
green［グリーン］

黄緑(の)　**yellow green**［イェロウ　グリーン］
深緑(の)　**dark green**［ダーク　グリーン］

みなと　港
(a) **harbor**［ハーバ］（船の）
(a) **port**［ポート］（港町）

ヨットハーバー
yacht harbor［ヤット　ハーバ］

横浜港
Port of Yokohama［ポートヴ　ヨコハマ］

みなみ　南
south［サウす］

みる　見る
see［スィー］
look at［ルック　アット］（注意して）
watch［ワッチ］（じっと）

美しい花を見る
see beautiful flowers［スィー　ビューティふル　ふラウアズ］

みにくい
ugly［アグリ］

みぶり　身ぶり　☞ ジェスチャー

みみ　耳
an ear［イア］

みみず
an earthworm［ア～すワ～ム］

みやげ
a present［プれズント］（贈り物）
a souvenir［スーヴェニア］（旅などの）

みらい　未来
future［ふューチャ］

ミリメートル
a millimeter［ミリミータ］
= mm

地図を見る
look at the map［ルッカッ　だマップ］

テレビを見る
watch TV［ワッチ　ティーヴィー］

 見た　**saw**［ソー］

昨日映画を見た。
I saw a movie yesterday.［アイソーア　ムーヴィ　イェスタディ］

ミルク
milk [ミルク]

みんぞく　民族
a **race** [ゥれイス]
a **people** [ピープル]

民族衣しょう　national costumes
アジアの諸民族
the peoples of Asia

みんな
all [オール] （すべて）
everybody [エヴりバディ] （人）
everyone [エヴりワン] （人）
everything [エヴりすィング] （物事）

私たちみんな
all of us

みんないる？
Everybody here?

みんなうまくいってる？
Everything OK?

むかえる
meet [ミート] （会う）
pick up [ピック　アップ] （車で）
welcome [ウェルカム] （かんげいする）

駅までむかえに来て。
Meet me at the station.

車でむかえに来ていただけますか？
Could you pick me up?

▶ むかえた　**welcomed**
　　　　　　[ウェルカムド]

サリーはユウタをかんげいした。
Sally welcomed Yuta.

むかし 昔
old days [オウル デイズ]

むぎ 麦
wheat [ウィート] (小麦)
barley [バーリ] (大麦)

むき 向き
a direction [ディれクション]

むく1 向く
turn [タ〜ン] (向きを変えて)
look [ルック] (顔を向けて)
face [フェイス] (面して)

振り向く
タ〜ンらウンド
turn around

上を向く
ルッカップ
look up

部屋は東を向いている。
だるーム フェイスィズ イースト
The room faces east.

むく2 (皮を)
peel [ピール]

バナナの皮をむく
ピーら バナナ
peel a banana

むこうに 向こうに
over there [オウヴァ でア]

むし 虫
a bug [バッグ]
an insect [インセクト] (こん虫)
a worm [ワ〜ム] (はう虫)

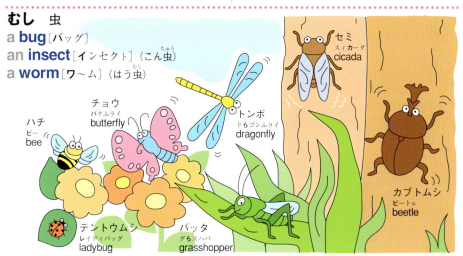

セミ
スィカーダ
cicada

チョウ
バタふライ
butterfly

トンボ
どラゴンふライ
dragonfly

ハチ
ビー
bee

カブトムシ
ビートル
beetle

テントウムシ
レイディバッグ
ladybug

バッタ
グらスハパ
grasshopper

むしば 虫歯
a **bad tooth**［バッ　トゥーす］
a **cavity**［カヴィティ］

むしめがね 虫めがね
a **magnifying glass**
［マグニふァイイング　グラス］

むす 蒸す
steam［スティーム］

むずかしい 難しい
hard［ハード］
difficult［ディふィカルト］

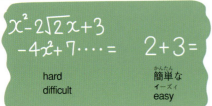

むすこ 息子
a **son**［サン］

むすぶ 結ぶ
tie［タイ］

くつのひもを結びなさい。
Tie your shoelaces.

むすめ
a **daughter**［ドータ］

むだ
waste［ウェイスト］

むだな　useless
むだにする　waste
お金をむだに使うな。
Don't waste your money.

むっつ(の) 六つ(の)
six［スィックス］

むね 胸
a **chest**［チェスト］（胸部）
a **breast**［ブれスト］（乳房）
a **heart**［ハート］（心臓）

むら 村
a **village**［ヴィれッヂ］

むらさき(の) 紫(の)
purple［パ～プル］（赤みがかった）
violet［ヴァイオれット］（青みがかった）

むりな 無理な
impossible［インパスィブル］

それは無理。
That's impossible.

め

め1 目
an eye [アイ]

- まゆげ アイブラウ eyebrow
- まぶた アイリッド eyelid
- ひとみ ピューピル pupil
- まつげ アイラッシュ eyelash

めいれい 命令
an order [オーダ]

命令する オーダ order

かれに行くように命令する
オーダヒム トゥゴウ
order him to go

命令を表す言葉

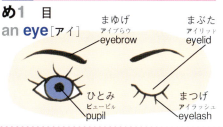

起きなさい！
ゲッタップ
Get up!

めいろ 迷路
a maze [メイズ]

メートル
a meter [ミータ]
= m

め2 芽
a bud [バッド]

めいしん 迷信
(a) superstition [スーパスティション]

家の中でかさをささないで。
ドント オウプン ユアアンブれラ インだハウス
Don't open your umbrella in the house.

アメリカやイギリスには，家の中でかさをさすのは縁起が悪いという迷信がある。

立ちなさい！
スタンダップ
Stand up!

静かにしなさい！
ビークワイエット
Be quiet!

食べすぎてはいけません！
ドント イー トゥーマッチ
Don't eat too much!

めがね
glasses [グラスィズ]

- glasses
- サングラス サングラスィズ sunglasses

メキシコ
Mexico [メクスィコウ]

メキシコ人 メクスィカン Mexican

めざましどけい　目覚まし時計
an **alarm clock**［アラーム　クラック］

めす　雌
a **female**［ふィーメイル］

めずらしい
rare［ぅれア］

めずらしいコイン
ァれア　コイン
a **rare coin**

めだまやき　目玉焼き
fried eggs［ふらイド　エッグズ］

メダル
a **medal**［メドル］

メニュー
a **menu**［メニュー］

めまいがする
feel dizzy［ふィール　ディズィ］

めまいがする。
アイふィール　ディズィ
I feel dizzy.

メリーゴーランド
a **merry-go-round**
［メりゴウらウンド］

メロディー
a **melody**［メロディ］

メロン
a **melon**［メロン］

めん　面
a **mask**［マスク］

も　（…もまた）
also［オールソウ］
too［トゥー］

サッカーも好きです。
アイオールソウ　ライク　サカ
I also like soccer.
アイライク　サカ　トゥー
I like soccer, too.

もう
already［オールれディ］（すでに）
soon［スーン］（間もなく）
yet［イェット］（疑問文で）

もう昼食を食べました。
アイハヴ　オールれディ　ハッド　ランチ
I have already had lunch.

かの女はもうもどってきます。
シーLビー　バック　スーン
She'll be back soon.

かれはもう出かけましたか？
ハズヒー　レふト　イェット
Has he left yet?

もうしこむ　申しこむ
apply to［アプライ　トゥ］

申しこみ(書)　application

クラブに入部を申しこむ
apply to join the club

もうふ　毛布
a **blanket**［ブランケット］

もえる　燃える
burn［バ～ン］

この木材はよく燃える。
This wood burns well.

モーター
a **motor**［モウタ］

もくようび　木曜日
Thursday［サ～ズディ］

もぐら
a **mole**［モウル］

もぐる
dive［ダイヴ］

水にもぐる
dive into the water

ダイビング　diving

もけい　模型
a **model**［マドル］

もし　(もし…なら)
if［イふ］

もし赤と青(の絵の具)を混ぜたら、紫になるよ。
If you mix red and blue, you get purple.

もし500円持っていたら、あのおもちゃが買えたのに。
If I had 500 yen, I could buy that toy.

もじ　文字
a **letter**［レタ］
a **character**［キャラクタ］

大文字
capital letter

漢字
Chinese character

もしもし　(電話で)
Hello.［ヘロウ］

もしもし。ユウタですが、サリーはいますか。
Hello. This is Yuta. Can I speak to Sally?

——こんにちは、ユウタ。悪いけど今いないのよ。
Hi, Yuta. I'm sorry but Sally is out now.

わかりました。またかけ直します。
OK, I'll call back later.

もち
rice cake［らイス　ケイク］

もちろん
sure [シュア]
of course [オヴコース]

ちょっと聞いてもいい？
May I ask you something?

― もちろんよ。なあに？
　Sure. What is it?

電話番号を教えてくれる？
Will you tell me your phone number?

― もちろん，いいわよ。
　Yes, of course.

もつ1　持つ
have [ハヴ]
hold [ホウルド] (手にしっかり)

手にかぎを持っている。
アイ ハヴァ　キー　インマイハンド
I have a key in my hand.

バッグをしっかり持つ
ホウル ダバッグ　タイトリ
hold the bag tightly

もつ2　持つ（所有する）
own [オウン]
have [ハヴ]

車を持っている
オウンナ　カー
own a car

もっきん　木琴
a xylophone [ザイロふォウン]

もっていく　持っていく
take [テイク]

かさを持っていきなさい。
テイク ユアアンブれラ
Take your umbrella.

▶ 持っていった　**took** [トゥック]

学校にカエルを持っていった。
アイ トゥック　マイふラッグ　トゥスクール
I took my frog to school.

もってくる　持ってくる
bring [ブリング]

新聞を持ってきて。
ブリングミー　だニューズペイパ
Bring me the newspaper.

▶ 持ってきた　**brought** [ブロート]

かれは旅行にカメラを持ってきた。
ヒーブロート　ヒズキャメラ　アンだトリップ
He brought his camera on the trip.

もっと
more [モー]

もっといただけますか？
_{キャンナイ ハヴ モー}
Can I have more?

もどす ☞ かえす

もどる
come back [カム バック]
return [うりタ～ン]
_{がっこう}
学校からもどる
_{カムバック ふらムスクール}
come back from school

もの 物
a **thing** [すィング]

ものがたり 物語
a **story** [ストーり]
a **tale** [テイル]

ものさし
a **ruler** [るーラ]

モノレール
a **monorail** [マノれイル]

もみじ 紅葉 (かえで)
a **maple** [メイプル]

もも
a **peach** [ピーチ]

もやす 燃やす ☞ やく 1

もよう 模様
a **pattern** [パタン]

_{みずたま も よう}
水玉模様
_{ダッツ}
dots

チェック（_{いちまつ も よう}市松模様）
_{チェックス}
checks

_{も よう}
しま模様
_{ストライプス}
stripes

もらう
get [ゲット]
receive [りスィーヴ]
_{て がみ}
手紙をもらう
_{ゲッ ダレタ}
get the letter

もり 森
a **forest** [ふォれスト] （大きな森林）
woods [ウッヅ]

もれる
leak [リーク]
_{あま}
雨もりしている。
_{だれ インニズ リーキンギン}
The rain is leaking in.

もん 門
a **gate** [ゲイト]

もんだい 問題
a **question** [クウェスチョン]
a **problem** [プラブレム]

や → やさしい

や 矢
an arrow [アろウ]

やあ
Hello! [ヘロウ]
Hi! [ハイ]

やおや 八百屋
a vegetable store
[ヴェヂタブル ストー]

やかましい
noisy [ノイズィ]

やかん
a kettle [ケトル]

やぎ
a goat [ゴウト]

子ヤギ
kid [キッド]

やきそば 焼きそば
fried noodles [ふライド ヌードルズ]

やきゅう 野球
baseball [ベイスボール]

やく1 焼く (燃やす)
burn [バ〜ン]

ごみを焼く
バ〜ン だトらッシュ
burn the trash

やく2 焼く
toast [トウスト] (パンをトースターで)
bake [ベイク] (パンやケーキをオーブンで)
roast [うろウスト] (肉などをオーブンで)
grill [グリル] (あみで)

トーストを焼く
トウスト ブれッド
toast bread

ケーキを焼く
ベイカ ケイク
bake a cake

チキンを焼く
うろウスト チキン
roast chicken

魚を焼く
グリル ふィッシュ
grill fish

日焼けする   ゲッタ サンタン
get a suntan

やくそく　約束
a **promise** [プらミス]
an **appointment** [アポイントメント]（人に会う）

約束する　promise

約束を守る
keep a promise

約束を破る
break a promise

二度とそれをやらないと約束して。
Promise me you'll never to do that again.

先生と会う約束をする
make an appointment with the teacher

やけど
a **burn** [バ〜ン]

やけどする　burn

▶やけどした　**burned** [バ〜ンド]

指をやけどした。
I burned my finger.

やさい　野菜
a **vegetable** [ヴェヂタブル]

トウモロコシ
corn

タマネギ
onion

カボチャ
pumpkin

トマト
tomato

ピーマン
green pepper

ホウレンソウ
spinach

ジャガイモ
potato

キノコ
mushroom

ニンジン
carrot

やさしい1　（おだやかな）
gentle [ヂェントル]

やさしい声
a gentle voice

やさしい2　（親切な）
kind [カインド]

やさしい男の人
a kind man

やさしい3　（簡単な）
easy [イーズィ]

やさしい質問
an easy question

easy

難しい
hard
difficult

やすい → やわらかい

やすい　安い
cheap［チープ］

高い（値段が）
イクスペンスィヴ
expensive

cheap
¥150

¥20,000

やすみ　休み
rest［ぅれスト］（休けい）
absence［アブセンス］（欠席）
recess［ぅりセス］（学校の休み時間）
holiday［ハリデイ］（休日）
vacation［ヴェイケイション］（休暇）

absence
rest
recess
vacation
holiday

やすむ1　休む（休けいする）
rest［ぅれスト］

すわって休もう。
レッツ スィット アンれスト
Let's sit and rest.

やすむ2　休む（欠席する）
be absent［アブセント］

サリーは学校を休んでいる。
サリィズ アブセント ふらムスクール
Sally is absent from school.

やせる
lose weight［ルーズ　ウェイト］
get thin［ゲット　すィン］

やせている　スリム　slim

▶やせた　**lost weight**
［ロースト　ウェイト］

やせちゃった。
アイ ローストウェイト
I lost weight.

やっきょく　薬局
a drugstore［ドゥラッグストー］
a pharmacy［ふァーマスィ］

やっつ(の)　八つ(の)
eight［エイト］

やっと
at last［アットラスト］

やっとテストが終わった！
だテスティズ オウヴァ アットラスト
The test is over at last!

やなぎ
a willow［ウィロウ］

やね　屋根
a roof［ぅるーふ］

やぶる 1 破る（引きさく）
tear [テア]

手紙を破る
テア ダ レタ
tear the letter

やぶる 2 破る（負かす）
beat [ビート]

ユウタのチームを破る
ビート ユータズ ティーム
beat Yuta's team

やま 山
a mountain [マウンテン]

山びこ　echo

ヤッホー。
ユーフー
Yoo-hoo.

やむ
stop [スタップ]

雨はもうすぐやむだろう。
ダ レインウィル スタップ スーン
The rain will stop soon.

やめる
stop [スタップ]
quit [クウィット]

外で遊ぶのをやめなさい。
スタップ プレイイング アウトサイド
Stop playing outside.

やわらかい
soft [ソーふト]

 soft

 固い
ハード
hard

やりかた やり方
how to ... [ハウトゥ]

サリーにそのやり方を教える
テル サリ ハウトゥ ドゥーイット
tell Sally how to do it

自転車の乗り方
ハウトゥ ライダ バイク
how to ride a bike

eメールの書き方
ハウトゥ ライト アン イーメイル
how to write an e-mail

やる（する）
do [ドゥー]

宿題をやりなさい。
シュクダイ
ドゥー ユア ホウムワーク
Do your homework.

▶ やった　**did** [ディッド]

もうやったよ。
ウィオールレディ ディディット
We already did it.

♪44

この缶が開けられないわ。
I can't open this can.

——ぼくがやってあげるよ。…はい，
開いたよ。
Well, let me do it. ...Here you are.

ありがとう，ユウタ。
Thanks, Yuta.

——どういたしまして。
You're welcome.

ゆ→ユニフォーム

ゆ

ゆ 湯
hot water [ハット ウォータ]
a bath [バす] （風呂）

bath

hot water

ゆうえんち 遊園地
an amusement park [アミューズメント パーク]

ゆうがた 夕方
evening [イーヴニング]

ゆうき 勇気
courage [カ〜れッヂ]

ゆうしょう 優勝
a victory [ヴィクトり]

ゆうしょく 夕食
dinner [ディナ]
supper [サパ]

ステーキ ステイク steak
スープ スープ soup

カレーライス カ〜り アン らイス curry and rice

パイ パイ pie

サラダ サラッド salad

ロールパン ろウル roll

スパゲッティ スパゲティ spaghetti

ゆうだち 夕立
a shower [シャウア]

ゆうびん 郵便
mail [メイル]
post [ポウスト]（イギリス）

ハガキ ポウストカード postcard

ゆうびんばこ 郵便箱 メイルバックス mailbox

郵便配達人 メイル キャリア mail carrier

郵便局 ポウスト オーふィス post office

ゆうびん 郵便ポスト メイルバックス mailbox

ユーフォー
a UFO ［ユーエふオウ］
= an unidentified flying object
［アンナイデンティふァイド ふライイング アブヂェクト］

ゆうめいな　有名な
famous ［ふェイマス］

有名人（ゆうめいじん）　celebrity（セレブリティ）

ゆき　雪
snow ［スノウ］

雪が降る　snow
大雪　heavy snow
雪かきをする　shovel snow

雪合戦（ゆきがっせん）　snowball fight
雪だるま　snowman

ゆずる
give ［ギヴ］

かの女に席をゆずろう。
I'll give her my seat.

ゆたかな　豊かな
rich ［ぅリッチ］

ゆっくりと　（速度が）
slowly ［スロウリ］

ゆうやけ　夕焼け
(a) sunset ［サンセット］
(an) evening glow ［イーヴニング　グロウ］

ゆうれい
a ghost ［ゴウスト］

ゆか
floor ［ふロー］

ゆかた　浴衣
yukata ［ユカタ］
a summer cotton kimono ［サマ　カトン　キモウノ］

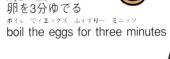

ゆでる
boil ［ボイル］

卵を3分ゆでる
boil the eggs for three minutes

ユニフォーム
(a) uniform ［ユーニふォーム］

ゆび 指
a finger [フィンガ] (手の)
a toe [トウ] (足の)

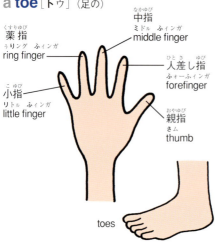

- 中指 middle finger
- 薬指 ring finger
- 人差し指 forefinger
- 小指 little finger
- 親指 thumb
- toes

ゆびわ 指輪
a ring [ゥリング]

ゆみ 弓
a bow [ボウ]

ゆめ 夢
a dream [ドリーム]

夢を見る dream
悪い夢を見た。
I had a bad dream.

ゆり
a lily [リリ]

ゆるい
loose [ルース]

ズボンがゆるい。
My pants are loose.

loose / きつい tight

ゆるす 1 許す（許可する）
permit [パミット]

天気が許せば
weather permitting

ゆるす 2 許す（かんべんする）
forgive [フォギヴ]
excuse [イクスキューズ]

許して。
Forgive me.

すみません。
Excuse me.

よい
good [グッド]
fine [ファイン]

よい人たち
グッド ピープル
good people

よかったね。
グッド フォユー
Good for you.

よい天気
ファイン ウェだ
fine weather

…した方がよい　should [シュッド]
　　　　　　　had better [ハッド ベタ]

…しなくてもよい　do not have to ... [ドゥナット ハふトゥ]

🔊 45

入ってもいいですか？
May I come in?

—ええ、ユウタ。お入りなさい。
　Yes, Yuta. Come in.

遅刻してすみません。ねぼうしました。
I'm sorry to be late. I overslept.

—もう少し早く起きた方がいいわよ、
　ユウタ。そうすれば学校にあわて
　て来なくていいんだから。
　You should get up a little earlier, Yuta. Then you wouldn't have to rush to school.

よう　用（用事）
something to do [サムすィング トゥドゥー]

用がある。
アイハヴ サムすィング トゥドゥー
I have something to do.

よういする　用意する
be ready [ビ れディ]
prepare [プリペア]

始める用意はできましたか？
アーユー れディ トゥスタート
Are you ready to start?

お昼ごはんを用意しています。
アイム プリペアリング ランチ
I'm preparing lunch.

ようじ　（つまようじ）
a **toothpick** [トゥーすピック]

ようす　様子
a **look** [ルック]（外見）
a **manner** [マナ]（態度）

つかれた様子に見える
ルック タイアド
look tired

変な様子
ストれインヂ マナ
strange manner

ようちえん　幼稚園
a **kindergarten** [キンダガートン]

幼稚園児　キンダガートナ　kindergartener

ようなーよる

ような …のような
like [ライク]

リンゴのような味がする。
It tastes like apples.

ようび 曜日
a day of the week [デイ オヴだウィーク]

日曜日	Sunday
月曜日	Monday
火曜日	Tuesday
水曜日	Wednesday
木曜日	Thursday
金曜日	Friday
土曜日	Saturday

今日は何曜日ですか？
What day is it today?

―日曜日です。
It's Sunday.

ようふく 洋服
clothes [クロウズ]

洋服だんす
(引き出し中心の低いたんす)
chest of drawers

洋服だんす
(コートなどをかける高さのあるたんす)
wardrobe

ヨーグルト
yogurt [ヨウガト]

ヨーヨー
a yo-yo [ヨウヨウ]

ヨーロッパ
Europe [ユろップ]

よく1 (じゅうぶんに，うまく)
well [ウェル]
good [グッド]

よくねた。
I slept well.

よくできました！
Good job!

よく2 (しばしば)
often [オーふン]

それはよくあることです。
That often happens.

よくばりな 欲張りな
greedy [グリーディ]

よこ 横 (側面)
the side [だサイド]

横はば width

よごす
get dirty [ゲット ダ〜ティ]
make dirty [メイク ダ〜ティ]

ドレスをよごさないでね。
Don't get your dress dirty.

よごれる
become dirty [ビカム ダ～ティ]

よす ☞ やめる

よそ
somewhere else [サムウェア エルス]

よっつ(の) 四つ(の)
four [フォー]

ヨット
a **sailboat** [セイルボウト]
a **yacht** [ヤット]

よてい 予定
a **plan** [プラン]
a **schedule** [スケヂュール]

よなか 夜中
midnight [ミッドナイト]

よぶ1 呼ぶ
call [コール] (呼び出す)
ask [アスク] (招待する)
invite [インヴァイト] (招待する)

警察を呼ぶ
コール ダ ポリース
call the police

夕食にいらっしゃいませんか？
メイ アイ アスキュー トゥ ディナー
May I ask you to dinner?

よぶ2 呼ぶ（声をかける）
call [コール]

ユウタと呼んで。
コール ミー ユータ
Call me Yuta.

比較 「よぶ」の使い分け

よむ 読む
read [ぅ リード]

サリーはマンガを読むのが好きだ。
サリ ライクス トゥ リード カミックス
Sally likes to read comics.

▶ 読んだ **read** [ぅ レッド]

以前その本を読んだ。
アイ れッ ダ ブック ビ ふォー
I read the book before.

よやく 予約
a **reservation** [ぅ リザ ヴェイション]

予約をする
メイカ ぅ リザ ヴェイション
make a reservation

よる 夜
(a) **night** [ナイト]

よろこぶ→ラジオ

よろこぶ 喜ぶ
be **glad** [グラッド]
be **happy** [ハピ]

君といっしょにいられてうれしい。
I'm glad to be with you.

喜びを表す言葉

やったあ！
I did it!
Hooray!

やったね！
You did it!
We did it!

よろしく
say hello to [セイ ヘロウ トゥ]

お母さんによろしくお伝えください。
Please say hello to your mother.

よろしくお願いします。(初めて会った人に)
I'm glad to meet you.

 46

今日はありがとう，サリー。君のご家族といっしょにいられて楽しかったよ。
Thank you for today, Sally. I enjoyed staying with your family.

—それはよかったわ。
　I'm glad to hear that.

ご両親によろしく伝えておいてね。
Please give my best regards to your parents.

—わかったわ。
　Sure. I will.

よわい 弱い
weak [ウィーク]

weak　強い strong [ストローング]

よわむし 弱虫
a **coward** [カウアド]
a **chicken** [チキン]

よん 四
four [フォー]

4番目(の)　fourth
4年生　fourth grader

よんじゅう(の)　四十(の)
forty [フォーティ]

ラーメン
ramen［ラメン］
ramen noodles
［ラメン ヌードルズ］

らい… 来…
next［ネクスト］

来週	ネクスト ウィーク next week
来月	ネクスト マンす next month
来年	ネクスト イア next year

ライオン
a lion［ライオン］

ライオンの子
カッブ
cub

ガオー
ろー
roar

ライト （明かり）
a light［ライト］

らくだ
a camel［キャメル］

らくな1　楽な（快適な）
easy［イーズィ］
comfortable［カンふォタブル］

気を楽にしよう。
テイキット イーズィ
Take it easy.

どうぞ楽にしてください。
プリーず メイク ユアセるふ カンふォタブル
Please make yourself comfortable.

らくな2　楽な（やさしい）
easy［イーズィ］

その仕事は楽だ。
だワ～キズ イーズィ
The work is easy.

比較　「らくな」の使い分け

easy
comfortable

easy

ラグビー
rugby［ラグビー］

ラケット
a racket［ラケット］

ラジオ （受信機）
a radio［レイディオウ］

ラジオを聞く
リスントゥ だレイディオウ
listen to the radio

ラッキーな→りょうほう

ラッキーな
lucky [ラキ]

らっこ
a sea otter [スィー アタ]

ランチ
lunch [ランチ]

ランチボックス(弁当箱)　lunch box

🔊 47

ランチボックスに何が入ってるの？
What's in your lunch box?

―オレンジジュースとリンゴとピーナッツバターとジャムのサンドイッチよ。
I have an orange juice, an apple and a peanut butter and jelly sandwich.

うーん。おいしそうだね！
Ummm. Looks yummy!

ランドセル
a school rucksack
[スクール らックサック]
a school backpack
[スクール バックパック]

りか　理科
science [サイエンス]

りかいする　理解する　☞ わかる

りく　陸
land [ランド]

りこうな　利口な
clever [クレヴァ]
bright [ブらイト]
smart [スマート]

利口な子ども
[ア クレヴァ チャイルド]
a clever child

りす
a squirrel [スクワ〜れル]

リズム
rhythm [ぅリどゥム]

リットル
a liter [リタ]
= ℓ

リボン
a ribbon [ぅリボン]

リモコン
remote control
［ゥりモウト　コントろウル］

りゃくご　略語
an **abbreviation**
［アブりーヴィエイション］

テレビ
テレヴィジョン　ティーヴィー
television : TV

ビデオデッキ
ヴィデオウ　カセット　ゥりコーダ　ヴィースィーアー
video cassette recorder : VCR

CD
コンパクト　ディスク　スィーディー
compact disc : CD

UFO
アンナイデンティふァイド　ふライイング　アブヂェクト　ユーエふオウ
unidentified flying object　　: UFO

りゆう　理由
(a) **reason**［ゥりーズン］

りゅう
a **dragon**［ドラゴン］

りゅうこう　流行（はやり）
(a) **fashion**［ふァション］

リュックサック
a **rucksack**［ゥらックサック］
a **backpack**［バックパック］

りょうし1　猟師
a **hunter**［ハンタ］

りょうし2　漁師
a **fisherman**［ふィシャマン］

比較　「りょうし」の使い分け

 hunter　 fisherman

りょうしん　両親
parents［ペアれンツ］

りょうほう　両方
both［ボウす］

◎48

イヌとネコはどっちが好き？
Which do you like better, dogs or cats?
——両方とも好きだよ。サリーはどっちが好き？
I like both. Which do you like, Sally?
私はイヌの方が好き。
I like dogs better.

two hundred and fifty-seven **257**

りょうり→レース

りょうり 料理(作ること)
cooking [クキング]

● 料理(作られた料理) dish

料理する cook

ユウタは料理がとてもじょうずだ。
Yuta can cook very well.

洗う wash

煮る boil

焼く(あみで) grill

切る cut

焼く(パンやケーキをオーブンで) bake

あげる deep-fry

りょかん 旅館
an **inn** [イン]

りょこう 旅行
travel [トラヴル]
traveling [トラヴェリング]
a **trip** [トリップ] (短期の)
a **tour** [トゥア] (観光の)

旅行する travel
　　　　　make a trip

世界一周旅行をする
travel around the world

▶ 旅行した **made a trip** [メイダ トリップ]

私たちは去年アフリカに旅行した。
We made a trip to Africa last year.

リレー
a **relay race** [ぅリーレイ ぅレイス]

りんご
an **apple** [アプル]

ルール
a **rule** [ぅるール]

るす 留守
absence [アブセンス]
留守番電話 **answering machine**
[アンサリング マシーン]
[る す ばん でん わ]

るすにする 留守にする
be **out** [アウト]
サリーは今，留守にしている。
[サリーズ アウト ナウ]
Sally is out now.

れい1 礼
a **bow** [バウ]

れい2 例
an **example** [イグザンプル]

れい3 (ゼロ)
zero [ズィアロウ]

れいぞうこ 冷蔵庫
a **refrigerator** [ぅリふリヂェレイタ]
a **fridge** [ふリッヂ]

レインコート
a **raincoat** [ぅレインコウト]

レーサー
a **racer** [ぅレイサ]
a **race car driver**
[ぅレイス カー ドライヴァ]

レース1 (カーテンなどの)
lace [レイス]

レース2 （競走）
a race［ぅれイス］

レーダー
radar［ぅれイダー］

レール
a rail［ぅれイル］

れきし　歴史
history［ヒストリ］

レコード
a record［ぅれコード］

レジ
a checkout counter
［チェカウト　カウンタ］

レジ係　cashier

レストラン
a restaurant［ぅれストらント］

レタス
(a) lettuce［レタス］

れつ　列
a line［ライン］（縦の）
a row［ぅろウ］（横の）

列を作る
make a line

いちばん前の列にすわる
sit in the front row

れっしゃ　列車
a train［トれイン］

普通列車　local train
急行列車　express train
特急列車　special express

レッスン
a lesson［レスン］

レモン
a lemon［レモン］

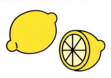

れんが
(a) brick［ブリック］

れんしゅう　練習
a practice［プらクティス］
an exercise［エクササイズ］

練習する　practice

毎日ピアノの練習をします。
I practice the piano every day.

レントゲン　（レントゲン写真）
an X-ray［エックスれイ］

ろう
wax［ワックス］

ろうか ろう下
a hall［ホール］
a corridor［コーリダ］

ろうそく
a candle［キャンドル］

ロープ
a rope［ゥロウプ］

ロープウェー
a cable car［ケイブル カー］

ローマじ ローマ字
Romaji［ゥローマヂ］
Roman letters［ゥロウマン レタズ］

ローラースケート
roller skating
［ゥロウラ スケイティング］

ろく 六
six［スィックス］
6番目(の) sixth
6年生 sixth grader

ろくがつ 六月
June［ヂューン］

ろくじゅう(の) 六十(の)
sixty［スィックスティ］

ロケット
a rocket［ゥラケット］

ロシア
Russia［ゥラシャ］

ロシア人 Russian

ロッカー
a locker［ラカ］

ろば
a donkey［ダンキ］

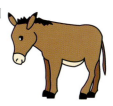

ロボット
a robot［ゥロウバット］

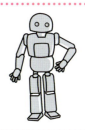

わ

わ　輪
a **circle** [サ〜クル]
a **ring** [ぅリング]

輪になる
make a circle

土星の輪
the rings of Saturn

わあ
Wow! [ワゥ]
Oh! [オゥ]

ワークブック
a **workbook** [ワ〜クブック]

ワイシャツ
a **shirt** [シャ〜ト]
a **dress shirt** [ドレス　シャ〜ト]

ワイン
wine [ワイン]

わかい　若い
young [ヤング]

わかす
boil [ボイル]

お湯をわかす
boil water

わがままな
selfish [セルふィッシュ]

わかる　(理解する)
understand [アンダスタンド]
know [ノウ]

わかる？
Do you understand?
Do you follow me?

2問目がわかった人は手を上げて。
Those who know the answer to Question two, raise your hands.

——はい。
　　Yes.

——全然わからない。
　　I have no idea.

🔊 49

わかれ 別れ
(a) **goodbye** [グッドバイ]

別れる　say goodbye

🔊 50

お別れの時に言う言葉

ニューヨークはとても楽しかったです。
I had a wonderful time in New York.

――私たちも楽しかったよ，ユウタ。
　We were glad to have you with us, Yuta.

――さびしくなるわ，ユウタ。必ずeメールを送ってね。
　We'll miss you, Yuta. Remember to e-mail me.

もちろん。日本に来るのを待っているよ，サリー。
Sure. And I'll be waiting for you in Japan, Sally.

――元気でね，ユウタ。
　Take care, Yuta.

ありがとうございます。さようなら。
Thank you very much. Goodbye.

わくせい 惑星
a **planet** [プラネット]

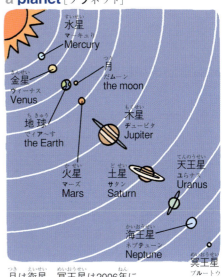

月は衛星。冥王星は2006年に太陽系の惑星からはずされた。

わけ 訳（理由）　☞ りゆう

わける1　分ける（分割する）
divide [ディヴァイド]

パイを6つに分ける
divide the pie into six pieces

わける2　分ける（共有する）
share [シェア]

その本をいっしょに使いなさい。
Share the book.

わゴム 輪ゴム
a **rubber band** [ラバ　バンド]

わざと
on purpose [アンパ～パス]

わざとやったのね。
You did it on purpose.

―いいや，そんなつもりはなかったんだ。
No, I didn't mean it.

わし
an eagle [イーグル]

わすれる1　忘れる
forget [フォゲット]

電話するのを忘れないでね。
Don't forget to call.

▶忘れた　**forgot** [フォガット]
この手紙を出すのを忘れた。
I forgot to mail this letter.

わすれる2　忘れる（置き忘れる）
leave [リーヴ]

忘れ物　thing left behind

忘れ物とりあつかい所
lost-and-found office

▶忘れた　**left** [レフト]
バスにかさを置き忘れた。
I left my umbrella on the bus.

わた　綿
cotton [カトン]

綿あめ　cotton candy

わたし(は)　私(は)
I [アイ]

私は(が)	I
私の	my
私を(に)	me
私のもの	mine

私はサリーです。
I'm Sally.

こちらは私の友だちのユウタです。
This is my friend, Yuta.

かれは私に親切にしてくれます。
He is kind to me.

この自転車は私のものです。
This bike is mine.

わたしたち(は) 私たち(は)
we [ウィ]

私たちは(が) we
私たちの our
私たちを(に) us
私たちのもの ours

私たちは親友です。
We are good friends.

これは私たちの学校です。
This is our school.

グレイ先生が私たちに教えてくれます。
Ms. Gray teaches us.

この教室は私たちのものです。
This classroom is ours.

わたす
give [ギヴ]
hand [ハンド]

この手紙をサリーにわたしてください。
Please give this letter to Sally.

わたる
cross [クロース]

橋をわたる
cross the bridge

ワッフル
a **waffle** [ワふル]

ワッペン
an **emblem** [エンブレム]

わに
an **alligator** [アリゲイタ] (アメリカ・中国産)
a **crocodile** [クロコダイル] (アフリカ産)

わら
straw [ストロー]

わらう1 笑う (ほほえむ)
smile [スマイル]

赤ちゃんが笑っている。
The baby is smiling.

わらう2 笑う (声を出して)
laugh [ラふ]

くすくす笑う giggle

何を笑っているの？
What are you laughing at?

アハハ。
Ha-ha.

わりざん 割り算
division [ディヴィジョン]

10割る2は5。
Ten divided by two is five.

わりびき 割り引き
a discount [ディスカウント]

これは割り引きしてもらえますか？
Can I get a discount on this?

—10%割り引きしますよ。
I'll give you a 10% discount.

わる1 割る（こわす）
break [ブレイク]

皿を割る
break the plate

わる2 割る（分ける）　☞ わける1

わるい1 悪い（間違った）
wrong [ゥローング]

うそをつくのは悪いことだ。
It's wrong to tell a lie.

わるい2 悪い
bad [バッド]
wrong [ゥローング]（故障した）

私のイヌは心臓が悪い。
My dog has a bad heart.

この車はどこか調子が悪い。
Something is wrong with this car.

わるくちをいう 悪口を言う
speak badly of [スピーク バッドリ オヴ]

人の悪口を言ってはいけません。
Don't speak badly of others.

ワルツ
a waltz [ウォールツ]

われる 割れる
break [ブレイク]

ガラスは割れやすい。
Glass breaks easily.

ワンピース
a dress [ドレス]

付録目次(ふろくもくじ)

テーマページ　　　　　　　　　　268

- topic 1　友(とも)だちにeメールを書(か)く　　　268
- topic 2　飛行機(ひこうき)で海外(かいがい)に行(い)く　　　270
- topic 3　ホストファミリーを訪(たず)ねる　　　272
- topic 4　友(とも)だちに電話(でんわ)をかける　　　274
- topic 5　レストランで注文(ちゅうもん)する　　　276
- topic 6　店(みせ)で買(か)い物(もの)をする　　　278
- topic 7　学校(がっこう)で勉強(べんきょう)する　　　280
- topic 8　日本(にっぽん)を紹介(しょうかい)する　　　282

カタカナ語(ご)　　　　　　　　　　284

ローマ字表(じひょう)　　　　　　　　　　286

topic 1
友だちにeメールを書く E-mailing a friend

サリーへ
Dear Sally,

こんにちは。ぼくの名前は筒井ユウタ。
Hi! My name is Tsutsui Yuta.

年は12歳。
I'm twelve years old.

日本の東京に住んでるよ。
I live in Tokyo, Japan.

青空小学校の6年生なんだ。
I'm in the sixth grade at Aozora Elementary School.

弟がひとりいて、あとイヌを飼ってる。
I have one brother and a dog.

バスケットボールと、ジョークを言うのが大好きなんだ。
I love playing basketball and telling jokes.

ぼくのeメール友だちになってね。
Please be my e-mail friend!

（結びの言葉）
Sincerely,

Yuta

ユウタとサリーはeメールで友だちになりました。

絵を見て話してみましょう！

ユウタへ
Dear Yuta,

こんにちは。
Hello.

eメールありがとう。
Thank you for your e-mail.

いい友だちになれるといいわね。
I hope we can be good friends.

私もイヌを飼ってるのよ。
I have a dog, too.

かの女はパグで、4か月なの。
She is a pug and is four months old.

私の趣味は、歌うこととおどること、それに絵をかくことよ。
My hobbies are singing, dancing and painting.

すぐに返事をちょうだいね。
Please write back *ASAP!

（結びの言葉）
Your friend,

Sally

*ASAP: as soon as possible の略。
「できるだけ早く」の意味。

ユウタはサリーの住むニューヨークに1か月間たい在することになりました。初めての海外旅行です。

絵を見て話してみましょう！

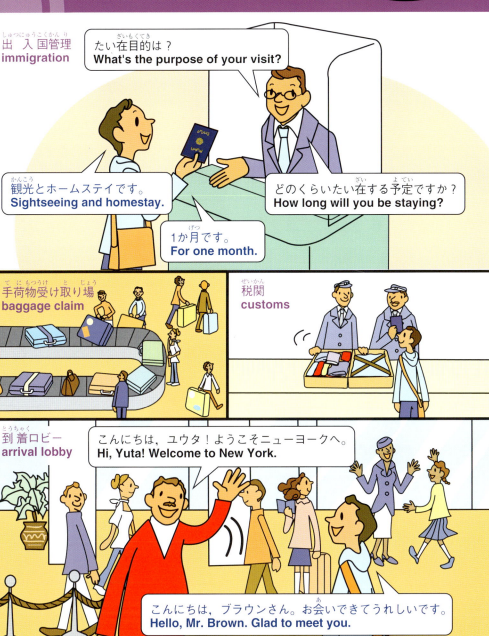

topic 3
ホストファミリーを訪ねる Visiting a host family

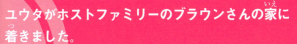
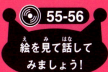

topic 4
友だちに電話をかける Calling a friend on the phone

ユウタがサリーに電話をして、いっしょにブラウンさんに頼まれたお使いをします。

絵を見て話してみましょう！

ユウタは街に出てデパートに買い物に行きます。

デパートで
At the department store

何かおさがしですか？
May I help you?

見ているだけです。
Just looking, thanks.

ピンク色のはありますか？
Do you have a pink one?

ありません。申し訳ありません。
I'm sorry, we don't.

これを贈り物用に包んでください。
Would you wrap this up as a gift?

わかりました。
Sure.

サリーが通っている学校です。ユウタも特別に授業に参加することになりました。

絵を見て話してみましょう！

topic 8
日本を紹介する Introducing Japan

🔊 69

今日は日本について話したいと思います。
Today I'd like to talk about Japan.
日本には4つの主要な島があります。
Japan has four main islands.
北海道，本州，四国，九州です。
They are Hokkaido, Honshu, Shikoku and Kyushu.
約1億2千万人の人がいます。
There are about one hundred and twenty million people.
ぼくの出身は日本の首都，東京です。
I'm from Tokyo, the capital of Japan.

これはゆかたです。
This is a yukata.
ぼくたちはよく夏にこれを着て，夏祭りに行きます。
We often wear this in summer and go to summer festivals.
お正月に着物を着る人たちもいます。
Some Japanese wear kimono on New Year's Day.
みなさんは和食では何が好きですか？
What kind of Japanese food do you like?
ぼくは，すしと天ぷらとみそ汁が好きです。
I like sushi, tempura and miso soup.
ぼくは毎日，ごはんを食べます。
I eat rice every day.
和食を食べる時は，おはしを使います。
We use chopsticks when we eat Japanese food.
ぼくは，みんなと勉強できてすごく楽しかったです。
I enjoyed studying with you.
どうもありがとう。またすぐみんなと会いたいです。
Thank you very much and I hope to see you soon.

ユウタのアメリカたい在も，もうすぐ終わりです。
今日は学校で，みんなに日本の紹介をします。

絵を見て話してみましょう！

カタカナ語 🔊 71

発音に注意！のカタカナ語

アイロン	iron
エネルギー	energy
オーブン	oven
キャベツ	cabbage
コック	cook
テーマ	theme
トマト	tomato
ドル	dollar
ホース	hose
ポテト	potato
メートル	meter
ラジオ	radio

意味に注意！のカタカナ語

カンニング	cheating cunning [カニング] ずるい
シール	sticker seal [スィール] 印
スマート	slim smart [スマート] かしこい
トランプ	cards trump [トランプ] 切り札
トレーナー	sweat shirt trainer [トレイナー] 訓練する人
プリント	handout / copy print [プリント] 印刷する
マンション	apartment house mansion [マンション] 大邸宅

カタカナ語のふるさとは？

アルバイト（ドイツ語）	part-time job
シュークリーム（フランス語）	cream puff
ズボン（フランス語）	trousers / pants
パン（ポルトガル語）	bread
ピーマン（フランス語）	green pepper
ランドセル（オランダ語）	school rucksack school backpack

カタカナ語は、外国語から日本語の中に入ってきた言葉（外来語）です。その中には英語からきた言葉がたくさんあり、元の言葉とは発音や意味が大きく変わったものもあります。
CDを聞きながら実際に発音して、その違いをくらべてみましょう。

通じないカタカナ語

アイスコーヒー	iced coffee	デコレーションケーキ	decorated cake
アイスキャンディー	Popsicle	デパート	department store
アニメ	animation	ナイター	night game
エアコン	air conditioner	ノート	notebook
オートバイ	motorbike motorcycle	パソコン	personal computer
ガソリンスタンド	gas station	ハンカチ	handkerchief
コンセント	outlet	ビニール袋	plastic bag
サインペン	felt pen	ホッチキス	stapler
シャープペンシル	mechanical pencil	ミシン	sewing machine
チャック	zipper	ワンピース	dress

ローマ字表（ヘボン式）

[　]内は非ヘボン式

	a	i	u	e	o		ya	yu	yo
—	あ a	い i	う u	え e	お o		—	—	—
k	か ka	き ki	く ku	け ke	こ ko		きゃ kya	きゅ kyu	きょ kyo
s	さ sa	し shi[si]	す su	せ se	そ so		しゃ sha[sya]	しゅ shu[syu]	しょ sho[syo]
t	た ta	ち chi[ti]	つ tsu[tu]	て te	と to		ちゃ cha[tya]	ちゅ chu[tyu]	ちょ cho[tyo]
n	な na	に ni	ぬ nu	ね ne	の no		にゃ nya	にゅ nyu	にょ nyo
h	は ha	ひ hi	ふ fu[hu]	へ he	ほ ho		ひゃ hya	ひゅ hyu	ひょ hyo
m	ま ma	み mi	む mu	め me	も mo		みゃ mya	みゅ myu	みょ myo
y	や ya	い (i)	ゆ yu	え (e)	よ yo		—	—	—
r	ら ra	り ri	る ru	れ re	ろ ro		りゃ rya	りゅ ryu	りょ ryo
w	わ wa	い (i)	う (u)	え (e)	を (o)	ん n	—	—	—
g	が ga	ぎ gi	ぐ gu	げ ge	ご go		ぎゃ gya	ぎゅ gyu	ぎょ gyo
z	ざ za	じ ji[zi]	ず zu	ぜ ze	ぞ zo		じゃ ja[zya]	じゅ ju[zyu]	じょ jo[zyo]
d	だ da	ぢ ji[zi]	づ zu	で de	ど do		ぢゃ ja[zya]	ぢゅ ju[zyu]	ぢょ jo[zyo]
b	ば ba	び bi	ぶ bu	べ be	ぼ bo		びゃ bya	びゅ byu	びょ byo
p	ぱ pa	ぴ pi	ぷ pu	ぺ pe	ぽ po		ぴゃ pya	ぴゅ pyu	ぴょ pyo

2004年4月1日 初版発行
2017年5月10日 初版新装版発行

キッズクラウン和英辞典　新装版

2019年3月10日　第3刷発行

編　者　　下　薫（しも・かおる）
　　　　　三省堂編修所
発行者　　株式会社 三省堂　代表者　北口克彦
発行所　　株式会社 三省堂
　　　　　〒101-8371
　　　　　東京都千代田区神田三崎町二丁目22番14号
　　　　　電話　編集（03）3230-9411
　　　　　　　　営業（03）3230-9412
　　　　　http://www.sanseido.co.jp/
　　　　　商標登録番号　4672689・4672690
印刷所　　三省堂印刷株式会社
CD製作　　株式会社音研

落丁本・乱丁本はお取り替えいたします。
ISBN978-4-385-10477-5

〈新装キッズクラウン和英・288pp.〉

本書を無断で複写複製することは，著作権法上の例外を除き，禁じられています。
また，本書を請負業者等の第三者に依頼してスキャン等によってデジタル化するこ
とは，たとえ個人や家庭内での利用であっても一切認められておりません。

SANSEIDO　児童英語教材

英語のゲーム　音であそぼう
下 薫・著
AB判　64頁　◆幼児～小学校全般
★CD1枚付き(会話・歌・チャンツ収録)
めいろ・絵かきうた・まちがいさがしなどが、歌・チャンツとともに楽しめる。

英語のゲーム　文字であそぼう
下 薫・著
AB判　64頁　◆幼児～小学校全般
★CD1枚付き(会話・歌・チャンツ収録)
ぬり絵・点つなぎ・クロスワードパズルなどが、歌・チャンツとともに楽しめる。

親子ではじめる 英会話絵じてん①　らくらくひとこと編
三省堂編修所・編／A.G.ウェインライト・監修
AB判　64頁　◆小学校中学年以上
「お礼をいう」「たのむ」など、ことばの機能別に基本的な会話表現を収録。

親子ではじめる 英会話絵じてん②　ふだんの場面編
三省堂編修所・編／A.G.ウェインライト・監修
AB判　64頁　◆小学校中学年以上
「教室で」「ファーストフード店で」など、場面別に典型的な英会話表現を収録。

英語で読み聞かせ　せかいのおはなし 1
三省堂編修所・編／ジェリー＝ソーレス＋久野レイ・文
AB判　80頁　◆幼児～小学校中学年
だれでも知っている世界のむかし話を、付属CDの英語で読み聞かせできる絵本。
「ブレーメンの音楽隊」「北風と太陽」「はだかの王さま」ほか、全5編を収録。

英語で読み聞かせ　せかいのおはなし 2
三省堂編修所・編／ジェリー＝ソーレス＋久野レイ・文
AB判　80頁　◆幼児～小学校中学年
「3びきのくま」「金のおのと銀のおの」「おおかみと7ひきの子やぎ」
「いなかのねずみと町のねずみ」「ジャックと豆の木」の全5編を収録。